HORSE-HANDLING

Britta Schöffmann

Horse-Handling

oder REITERGLÜCK beginnt am Boden

FNverlag
der Deutschen
Reiterlichen Vereinigung GmbH
Warendorf

Bibliografische Information der deutschen Bibliothek

Die Deutsche Bibliothek verzeichnet diese Publikation in der Deutschen Nationalbibliografie; detaillierte bibliografische Daten sind im Internet über http://dnb.ddb.de abrufbar.

Fachlektorat:
Waltraud Weingarten, FN-Abteilung Ausbildung, Warendorf

Lektorat:
Dr. Carla Mattis, **FN***verlag*, Warendorf

Korrektorat:
Korrekturbüro W. und G. Kirchhoff, Büren/Brenken

Titelfotos:
Barbara Schnell, Krefeld

Fotos Inhalt:
Barbara Schnell, Krefeld
außer
Heidi Bernsdorff, Bliedersdorf: S. 92
Adi Grossmann: S. 90
Richard Hinrichs (priv.), Wedemark: S. 92
Petra Roth-Leckebusch (priv.), Nümbrecht: S. 89
Peter Prohn, Barmstedt: S. 19
Sabine Sebald, Laatzen: S. 91
Christiane Slawik, Würzburg: S. 24 Mitte (2), l.u.; 26 (2); 29 o.; 56
Prof. Dr. Klaus Zeeb, Freiburg (priv.): S. 9

Illustrationen:
Hippographie Cornelia Koller, Schierhorn: S. 21 (2), 32 (2), 70 (3), 84 und S. 42 aus: Gine Willrich, Angstfrei reiten, Warendorf 2004, S. 44
Dr. Britta Schöffmann, Duisburg: Seite 63

ISBN-10: 3-88542-478-9
ISBN-13: 978-3-88542-478-9

Abbildungen:
Seite 38 Sichtfeld: entnommen aus: Die Reitabzeichen der Deutschen Reiterlichen Vereinigung, Deutsche Reiterliche Vereinigung (Hrsg.), **FN***verlag* Warendorf 2006; S. 163;
Seite 53 Panikhaken: von Jeanne Kloepfer, entnommen aus: Basispass Pferdekunde, Deutsche Reiterliche Vereinigung (Hrsg.), **FN***verlag*, Warendorf 2004, S. 81;
Seite 53 Anbindeknoten: entnommen aus: Die Reitabzeichen der Deutschen Reiterlichen Vereinigung, Deutsche Reiterliche Vereinigung (Hrsg.), **FN***verlag* Warendorf 2006, S. 211;
S. 61 Satteln: von Jeanne Kloepfer, entnommen aus: Isabelle von Neumann-Cosel: Das Pferdebuch für junge Reiter, Warendorf 2006, S. 60

Lithographie:
Köster & Gloger, Osnabrück

Gesamtgestaltung:
mf-graphics, Marianne Fietzeck, Gütersloh

Druck und Verarbeitung:
Media Print Informationstechnologie, Paderborn

Einleitung 7

Vorwort Prof. Zeeb 8

Kapitel 1

Pferde verstehen 10

1.1 Das Pferd, (k)ein unbekanntes Wesen 10
1.2 Erziehung beginnt mit der Geburt 14
1.3 Alter schützt vor Regeln nicht 18
1.4 Zauberformel Konsequenz 20
1.5 Natürlich gewaltfrei 21
1.6 Mit Pferden sprechen 22
1.7 Lob und Strafe 34

Kapitel 2

Der richtige Umgang 38

2.1 Die richtige Annäherung 38
2.2 Die richtige Berührung 39
2.3 Raus aus der Box 41
Was tun, wenn... 42
2.4 Wer gut führt, übernimmt die Führung 43
Was tun, wenn... 47
2.5 Zur Weide führen 49
Was tun, wenn... 51
2.6 Sicher anbinden 52
Was tun, wenn... 56
2.7 Gut geputzt ist halb erzogen 57
Was tun, wenn... 58
2.8 Richtig satteln und trensen 60
Was tun, wenn... 63
2.9 Longieren 64
Was tun, wenn... .... 67, 79
2.10 Verladen ohne Stress 76

Kapitel 3

Bodenarbeit bewusst gemacht .. 84

3.1 Alternative Methoden –
Hilfe oder Humbug? 84
3.2 Bodenarbeit und andere Reitweisen –
anders oder ähnlich? 88
3.3 Übungen für die (bewusste) Bodenarbeit ... 94
3.4 Lehrgangsinhalte zur FN-Bodenschule 102

„Ein Pferd ist ein großes Tier, das an beiden Seiten steil abfällt, vorne beißt, hinten ausschlägt und seinem Reiter ständig nach dem Leben trachtet." Na ja, wenn dem wirklich so wäre, gäbe es vermutlich nicht rund 1,2 Millionen Reiter, Fahrer, Voltigierer und sonstige Pferdefreunde in Deutschland. Doch für manchen Laien oder reiterlichen Neueinsteiger mag in dem flapsigen und nicht unbedingt ernst gemeinten Spruch doch hin und wieder mal ein Körnchen Wahrheit liegen. Wie sonst erklären sich die Heerscharen von Menschen, die sich auf die Suche begeben – die Suche nach dem ultimativen Geheimnis im Umgang mit dem Pferd, nach der heilsbringenden Bedienungsanleitung, nach dem passenden Schalter. Da wird getanzt und geflüstert, Hand aufgelegt und kommuniziert, getätschelt und besprochen – kurz das „Mysterium Pferd" in all seinen Facetten durchforscht.

Dabei könnte alles so schön und so einfach sein, wenn nur der moderne Mensch ein ganz klein wenig sprach- und erziehungsbegabter wäre, als er es offenbar in der Hektik der hochtechnisierten Welt ist. Sprachbegabt, weil auch Pferde eine Sprache haben. Man muss sie nur erlernen. Erziehungsbegabt, weil Pferde – so wie Menschen auch – soziale Lebewesen sind, die im Miteinander ihre Möglichkeiten und Grenzen austesten. Und diese Grenzen wollen gesetzt werden. Mit Güte, Achtung, Liebe und Konsequenz – und natürlich ohne Gewalt. Zu Zeiten, als das Gros der Pferdeleute aus der Landwirtschaft kam, man also mit Pferden groß wurde, lernte man beiläufig und instinktiv den richtigen Umgang. Heute allerdings sind viele Pferdefreunde eher Seiteneinsteiger aus dem städtischen Umfeld. Ausgestattet mit jeder Menge Begeisterung, großer Freude, viel Enthusiasmus und einem modernen Tierschutzverständnis, aber geringen „lebendigen" Vorkenntnissen. Damit sind Probleme und Missverständnisse zwischen Pferd und Mensch vorprogrammiert. Sie könnten allerdings vermieden werden – wenn man nur ein paar Regeln und Weisheiten kennen und sie befolgen würde.

Dieses Buch, erschienen zum neuen APO-Ausbildungsgang „FN-Bodenschule", will und kann keine Gebrauchsanweisung für Pferde sein. Sie sind Individuen wie du und ich. Nicht der bedingungslose Gehorsam, die Persönlichkeitsaufgabe und das maschinenartige „Funktionieren" von Pferden ist das Ziel, sondern der harmonische und partnerschaftliche Umgang mit ihnen. Dieses Buch soll helfen, das Miteinander von Pferden und Menschen in all seiner Faszination ein wenig einfacher zu gestalten. Dabei geht's hier nicht ums Reiten, sondern um die Zeit, die man vorher und nachher mit seinem Pferd verbringt. Denn wahres Reiterglück beginnt bereits am Boden.

Britta Schöffmann
im Mai 2006

Haben eine enge und vertraute Beziehung:
Grand-Prix-Pferd La Picolina unter seiner Reiterin, der Buchautorin Britta Schöffmann, beim entspannten Miteinander auf der Weide.

Ein gutes halbes Jahrhundert ist es her, seit sich die Verhaltensforschung bemüht, das Lebewesen Pferd zu begreifen. Meine Kenntnisse zu diesem Thema haben mir die Dülmener Pferde des Herzogs von Croy beigebracht. Von ihnen durfte ich lernen, was Pferde bewegt, um das zu tun, was sie tun. In den vergangenen Jahrhunderten war es meist üblich, Pferde als Nutztiere zu sehen und weniger als Partner.

In den Reit- oder Fahrlehren wurde damals hauptsächlich Wert auf die Vermittlung des reiterlichen Handwerks gelegt und weniger Augenmerk darauf, wie Pferde als Lebewesen eigentlich „ticken" und wie man sie richtig erzieht. Schön, dass sich die Zeiten geändert haben und diese Lücke zwischen der reinen Betrachtung vom Sattel aus und dem so wichtigen Verstehen des Pferdeverhaltens geschlossen wurde. Mit Hilfe der Verhaltensforschung haben die Menschen begriffen, jedenfalls viele von ihnen, wie schön es ist, wenn das Pferd zum Partner wird, mittels Einfühlungsvermögen, Geduld und Konsequenz und einer gehörigen Portion Fachwissen. Und genau dieses Fachwissen vermittelt Britta Schöffmann mit diesem ihrem Buch. Es ist ihr gelungen eine hervorragende „Gebrauchsanweissung" für den Umgang mit Pferden zu schaffen. In der Regel sind Gebrauchsanweisungen langatmig, oft unverständlich und helfen meistens nicht weiter. Nicht so das vorliegende Werk. Es ist leichtverständlich und flüssig zu lesen, auch für den absoluten Laien. Und vor allem lässt es den Leser auch nicht mit den Anweisungen allein. Die einzelnen Kapitel sind gespickt mit Hinweisen „Was tun wenn...", die ihrerseits erfreulicherweise auch nicht endlos ausufern.

Kurz, das Buch verhilft dem Pferdeneuling zu einem leicht verständlichen Einstieg und gibt auch vielen Pferdebesitzern noch hilfreiche Umgangs-Tipps. Im Kapitel „Pferde verstehen" wird das Verhalten des Pferdes als soziallebendes Flucht- und Lauftier beschrieben. Insbesondere zeigen instruktive Bilder, was Pferdegesichter sagen und welche Bedeutung ihr Ausdrucksverhalten hat. Viel Wert legt die Autorin darauf, zu zeigen, wie wichtig die Erziehung schon von Geburt an ist. Ein schlecht erzogenes Pferd schafft viele Probleme in allen Phasen seiner Entwicklung, bis hin zur Ausbildung als Hochleistungsathlet! Man erfährt das Wichtigste über Annäherung, Berührung, Führen, Anbinden, Putzen, Satteln, Trensen, Longieren und vor allem über das Verladen, bei dem so ungeheuer viele Fehler gemacht werden.

Ein besonderes Kapitel ist der Bodenarbeit gewidmet, von der die Autorin mit Recht sagt, dass diese eigentlich gar nichts Neues ist, wie viele Gurus behaupten. Ausführlich stellt sie dar, wie nützlich diese Bodenarbeit für die Mensch-Pferd-Beziehung ist. Auch lässt sie einige Experten verschiedener hippologischer Richtungen zu Wort kommen. Deren Aussage ist die, dass es keine allein seligmachende Methode gibt. Bei jeder Methode kommt es darauf an, einfühlend und konsequent mit dem Pferd umzugehen, sodass Partnerschaft erreicht wird.

Man darf Frau Schöffmann zu diesem gelungenen Werk gratulieren. Ihre Texte und die aussagekräftigen Bilder werden dazu beitragen, dass es in Zukunft vielen Pferden besser geht als bislang!

Freiburg im Breisgau,
Mai 2006

Prof. Dr. Klaus Zeeb
Veterinärmediziner
Langjähriger Leiter für Verhaltenskunde am
Tierhygienischen Institut Freiburg

Kapitel 1

Pferde verstehen

1.1 Das Pferd (k)ein unbekanntes Wesen

Pferde sind schön. Pferde sind edel und kraftvoll, sanft und sensibel. Aber Pferde sind vor allem auch Flucht- und Herdentiere. Und sie sind Individuen mit recht unterschiedlich ausgeprägten Charaktereigenschaften. Jedes Pferd ist eine Persönlichkeit. Deshalb muss man im Umgang mit ihnen ein paar grundsätzliche Kleinigkeiten beachten, die die Verständigung vereinfachen und dem Pferdefreund magische Momente der Harmonie schenken. Das hat nicht viel mit Flüstern oder sonstigen mystischen Verhaltensweisen einiger Auserwählter zu tun, sondern ist ein wenig angewandte Pädagogik, gemischt mit Psychologie, Verhaltenslehre – und gesundem Menschenverstand.

Stichwort Verhaltenslehre. Egal, ob der Mensch mit einem Hund, einer Maschine, einem Pferd, einem Auto oder einem anderen Menschen umgeht – über das mögliche Verhalten seines „Gegenübers" sollte man immer so viel wie möglich wissen. Wer beim Auto nicht weiß, wie die Lenkung funktioniert und wo Gas und Bremse zu betätigen sind, kommt entweder nicht vom Fleck oder landet gleich am nächsten Baum. Und wer nicht weiß, ob sein menschliches Gegenüber überhaupt die gleiche Sprache spricht, darf sich nicht wundern, wenn er nicht auf Anhieb verstanden wird.

Zwei Hengste im vollen Galopp auf der Weide – für viele Menschen Inbegriff von Kraft und Schönheit.

Pferde sind Flucht- und Herdentiere, die sich in der Gruppe am wohlsten und sichersten fühlen.

Ähnlich geht's im Umgang mit Pferden. Die Tatsache, dass diese Tiere einst kaum größer als Hunde waren und weder über scharfe Reißzähne noch über lange Krallen verfügten, macht klar, dass sie ewig auf der Hut sein mussten, um nicht von großen Raubtieren verspeist zu werden. So etwas prägt! Zwar hat sich das Pferd im Laufe der Jahrtausende weiterentwickelt, ist es größer und stärker geworden, doch fehlen ihm nach wie vor Klauen und Reißzähne. Seine effektivste Verteidigung ist deshalb noch immer die schnelle Flucht.

Jedes Fluchtverhalten – sei es Zögern, Scheuen oder Davonstürmen – ist also absolut natürlich. Es richtet sich nicht contra Mensch, sondern pro Pferd. Für ein Pferd ist angesichts einer unbekannten oder vermeintlich bedrohlichen Situation Flucht die einzig richtige Reaktion. Als Mensch muss man deshalb immer damit rechnen, dass ein Pferd, und sei es noch so ruhig und gelassen, in bestimmten Situationen auf seinen Ur-Instinkt hört und fliehen möchte. Es dafür dann zu bestrafen, ist absolut falsch und kontraproduktiv, denn es stürzt das Pferd in einen echten und unlösbaren Konflikt: Zu der Angst vor dem Unbekannten kommt die Angst vor dem Menschen hinzu. Das Pferd wird noch unsicherer und noch ängstlicher. In ähnlichen Situationen wird es noch eher weglaufen wollen – vor der Gefahr und vor dem Menschen. Und wenn 600 Kilo (so viel wiegt in etwa ein ausgewachsener Warmblüter) davonstürmen wollen, dann kann ein 65-Kilo-Durchschnittsmensch nicht allzu viel dagegen machen!

Im Spiel testen Junghengste ihre Rangordnung aus.

Welche Situation für welches Pferd als kniffelig oder riskant eingeschätzt wird, hängt individuell vom Pferdetyp ab. Denn auch unter den Vierbeinern gibt es Draufgänger und Überängstliche, Phlegmatiker und Hektiker. Eines aber verbindet all diese Typen: Jeder reagiert auf die für ihn einzig richtige Art und Weise. Der eine weniger heftig, der andere mehr. Und hier kommt bereits die zweite Ur-Eigenschaft des Pferdes ins Spiel: sein Herdentrieb. In grauer Vorzeit und auch heute in den wenigen noch existierenden Wildpferdebeständen leben Pferde in Familiengruppen zusammen. Als Einzeltiere haben sie angesichts der vielen Feinde keine Überlebenschance, in der Herde dagegen waren und sind sie stärker. Doch eine Herde ist nicht nur ein Hort der Sicherheit, sondern auch ein soziales Gefüge. Und wie in jedem solchen Gefüge ist das Miteinander der einzelnen Gruppenmitglieder gewissen Regeln unterworfen.

Im Gegensatz zu den meisten menschlichen Gruppen ist Demokratie ein Fremdwort unter Pferden. Im Gegenteil. Einer – der Leithengst – hat zu sagen, die anderen folgen ihm. Und auch unter der Gefolgschaft gibt es Abstufungen, erfahrene Stuten mit starkem Charakter und viel Durchsetzungsvermögen, aggressive Junghengste, die nur darauf warten, dem Boss seinen Rang streitig zu machen. Aber auch unsichere Pferde, die in der Rangfolge ganz unten stehen, die immer von den anderen Prügel beziehen und regelrecht gemobbt werden.

Wie sich ein Pferd in einer Gruppe entwickelt, hängt – ähnlich wie bei Menschen – einerseits von seinem Charakter ab, andererseits aber auch von seinen Erlebnissen. Jeder Mensch, so sagt man, ist die Summe seiner Erfahrungen. Jedes Pferd aber auch.

Nun gibt es für die wenigsten Pferde heute noch das Leben in der Herde. Die meisten leben im Stall, werden (einzeln) in Boxen gehalten und genießen das Herdendasein höchstens mal vorübergehend beim Weidegang. Auch für Fohlen ist die Gruppenhaltung heute leider nicht immer Selbstverständlichkeit. Im günstigsten Fall verbringt das Fohlen bzw. Jungtier zwei, drei Jahre in der Herde, hat dort Sozialkontakte zu seinesgleichen gefunden und muss sich seinen Rang in der Gruppe erarbeiten, manchmal auch erkämpfen. Eine ganz wichtige Voraussetzung für sein späteres Auftreten. Fohlen, die ohne Altersgenossen, ohne Herde aufwachsen, können diese wichtigen Erfahrungen nicht machen. Ihnen droht eine psychische und soziale Fehlentwicklung.

Schon als Fohlen lernen Pferde, ihr Gegenüber einzuschätzen. Kaubewegungen heißen: Annäherung, Unsicherheit, Unterwerfung.

Merke! Pferdehaltung

Pferde sollten so artgerecht wie möglich gehalten werden. Dazu gehören Licht, Luft, Sozialkontakte, Bewegung, Freilauf (Weide) und optimale Fütterung.

Die meisten Reiter – egal ob Anfänger oder nicht –, die zum ersten Mal einem fremden Pferd entgegentreten, können überhaupt nicht wissen, welchen Typ Pferd sie da vor sich haben. Den „Bossigen", der glücklich in der Herde aufwuchs und den anderen drei Jahre lang sagte, wo's lang ging? Den Unsicheren, der zwar auch Teil einer Herde war, dort aber von den anderen untergebuttert wurde und nichts zu vermelden hatte? Oder den Vermenschlichten, der von Geburt an als „Einzelkind" verhätschelt wurde, aber nicht weiß, wie er sich als Pferd überhaupt richtig verhalten soll?

Schon allein diese unterschiedlichen Ausgangssituationen können im Umgang mit Pferden zu Schwierigkeiten führen. Ein unlösbares Problem? Das Zauberwort heißt Erziehung. Damit lässt sich vieles vermeiden und manches (wenn auch leider nicht alles) wieder in den Griff bekommen. Eines aber muss man sich dabei immer vor Augen führen: Jedes Pferd unterscheidet sich vom anderen. Ein Patentrezept zur richtigen Erziehung gibt es deshalb nicht. Kein Lebewesen funktioniert auf Knopfdruck. Der Mensch muss einen Weg suchen, mit möglichst viel Wissen um das Wesen der Pferde an sich und bei dem einzelnen Tier den „richtigen Ton" zu finden.

1.2 Erziehung beginnt mit der Geburt

Fohlen sind süß und putzig. Aber aus Fohlen werden einmal ausgewachsene und kräftige Ponys oder Pferde. Das wissen auch die Mutterstuten und beginnen gleich zu Anfang mit der „pferdigen" Erziehung. Beobachten Sie einmal Stuten und Fohlen auf der Weide. Je jünger die Fohlen, desto eher helfen ihre Mütter ihnen weiter, drehen ihnen das Euter zu oder lassen sie in ihrem Schatten dösen. Kommen die Youngster allerdings ins Spiel- und Flegelalter, lassen sich die Mütter nicht mehr alles gefallen.

Schon die Pferdemütter zeigen ihrem Nachwuchs deutlich – hier durch Anlegen der Ohren und Abwehrhaltung – wann Gehorchen angesagt ist.

Wird ein Fohlen zu aufdringlich, wird es auch mal weggebissen oder weggeschubst. Und zwar gerade so energisch, dass es begreift, was unerwünschtes Verhalten ist und dass es dafür Strafe gibt. Dabei verletzen die Stuten ihren Nachwuchs natürlich normalerweise nicht, doch wenn man unter dem Fell nachschauen könnte, sähe man beim ein oder anderen sicher auch mal einen blauen Fleck. Diese Erziehungsmaßnahmen sind wichtig, immerhin soll das Fohlen — zumindest hatte es die Natur einst so geplant — künftig im Sozialverband Herde leben und sich mit anderen arrangieren lernen.

Pferde erziehen sich beim Miteinander auf der Weide gegenseitig und sind dabei nicht zimperlich.

Der zweite und ebenfalls enorm wichtige Erziehungsteil wird von den Altersgenossen übernommen. Unbewusst natürlich. Im Spiel werden Rangkämpfe nachgestellt, wird mal der eine gewinnen, mal der andere. Dabei lernen die jungen Pferde, ihre Kräfte einzuschätzen, ihre Geschicklichkeit zu verbessern, aber auch ihren Charakter zu entwickeln. Und hier kommt man als Pferdehalter an einen ganz wichtigen Punkt. Denn der Mensch ist fürs Pferd zunächst einmal nichts anderes als ein weiteres Herdenmitglied. Schon zu diesem Zeitpunkt wird festgelegt, ob er als „Autoritätsperson", als „Kampfgegner und Spielkamerad" oder als „Prügelknabe" ausgetestet und eingeschätzt wird.

Ein Fohlen, das seinem Besitzer auf die Schultern steigt, mag ja ganz niedlich sein. Wenn dies drei Jahre später aber 600 Kilo Lebendgewicht tun, kann das für den Pferdehalter im Krankenhaus enden. Folglich muss, während Mutterstute und Herde den einen Teil der Erziehung übernehmen, den anderen Teil der Mensch liefern. Denn mit ihm soll das Pferd ja künftig ebenfalls klarkommen – und zwar ein Leben lang.

Nun gibt es heute die verschiedensten Ansätze, die sich mit Fohlen-Erziehung beschäftigen. Einige davon sind, mit Verlaub gesagt, vielleicht ein wenig am Ziel vorbei. Ob man einem Fohlen bereits einen Mini-Sattel auf den Rücken legen muss, um es später einfacher einreiten zu können, bleibt dahingestellt. Immerhin legt man einem Säugling – Pisa-Studie hin, Pisa-Studie her – ja auch keinen Laptop unters Kopfkissen ... Aber es gibt schon gewisse Dinge, die ein Fohlen kennen und können sollte.

Berührung

Ein Fohlen sollte von Anfang an an menschliche Berührung gewöhnt werden. Dabei ist es hilfreich, das Fohlen zunächst nur an den Stellen zu streicheln, die ihm angenehm sind. Kleiner Tipp: Beobachten Sie die Mutterstute. Sie findet instinktiv die richtigen Stellen wie Widerrist oder Kruppe.

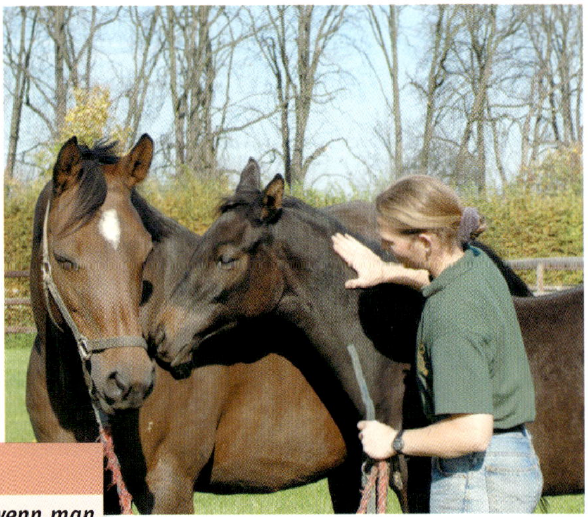

Bevor der Mensch von einem Fohlen etwas will – zum Beispiel das Aufhalftern –, muss es an Berührung gewöhnt sein.

Merke!

Manche Stuten reagieren aggressiv, wenn man ans Fohlen möchte. In einem solchen Fall Stute ans Halfter nehmen, festhalten lassen und sich dann erst dem Fohlen nähern.

Aufhalftern

Es vereinfacht das spätere Führen und allgemeine Handling, wenn das Fohlen von klein auf an ein Halfter gewöhnt wird. Es gibt spezielle Fohlenhalfter, die von klein auf größer gestellt werden können. Tipp: Erschrecken Sie das Fohlen nicht mit dem Aufhalftern. Wenn es nicht gleich stehen bleibt oder die Mutterstute hektisch wird, nehmen Sie sich einen oder sogar zwei Helfer hinzu. Einer hält die Stute fest, damit sie ruhig bleibt, der andere fixiert das (an Berührung gewöhnte) Fohlen zwischen Hals und Kruppe, so dass es nicht sofort weg kann. Dann legen Sie in ruhiger und vorsichtiger Bewegung das Halfter an und lassen es ruhig ein paar Stunden drauf.

Ist ein Fohlen an den Ohren empfindlich, kann ein Halfter mit offenem Genickstück angelegt werden (links), ist es ans Aufhalftern gewöhnt, klappt's auch mit einem Halfter, das über die Ohren gezogen wird (rechts).

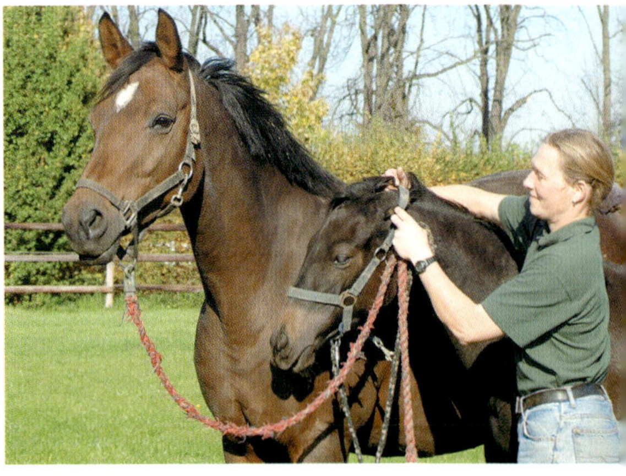

■ Führen

Ein Fohlen sollte sich an Halfter und Strick führen lassen. Dazu ist notwendig, dass es zunächst das Halfter akzeptiert hat. Wenn das Anlegen und Abnehmen gut klappt, kann man mit dem Führen anfangen. Dazu nie von der Stute wegführen, sondern immer das Fohlen neben oder hinter der Stute gehen lassen. Da es seiner Mutter anfangs sowieso auf Schritt und Tritt folgt, wird es den Führstrick zunächst kaum bemerken. Zusammen mit der Stute kann man nun das Loslaufen, Wiederanhalten und auch Abwenden üben. Geschieht das ohne Zwang, aber in Ruhe und Konsequenz, wird es später keine Probleme geben. Manche Züchter üben auch das Führen an der Mutterstute. Dazu wird das Fohlen an einem Bauchgurt (Longiergurt o.Ä.) so kurz angebunden, dass es nicht vor die Stute geraten kann, ihr aber folgen muss. Der enge Körperkontakt kann zusätzlich Sicherheit geben.

Die Nähe der Mutterstute gibt dem Fohlen auch beim Geführtwerden (wie hier auf einer Fohlenschau) die notwendige Sicherheit.

- **Hufe anheben**

  Eine ganz wichtige Übung ist das Hufe-Anheben. Wenn ein Pferd bereits im Fohlenalter gelernt hat, seine Hufe zu geben, wird es später keine Probleme mit dem Schmied und mit der täglichen Hufpflege haben. Vorbereiten kann man diese Übung bereits in der Phase der Berührungs-Gewöhnung. Sobald das Fohlen Berührung als etwas Angenehmes empfindet, kann man in langen, ruhigen Bewegungen auch an den Extremitäten entlangfahren. Lässt sich das Fohlen das gefallen, nimmt man einen Huf hoch, indem man sich gleichzeitig ein wenig gegen die Schulter des Fohlens lehnt. Kleiner Tipp: Den Huf nicht gleich wie bei einem erfahrenen Pferd ganz hochnehmen. Das könnte zu Angstreaktionen führen. Stattdessen zunächst nur ein ganz klein wenig vom Boden weg und wieder zurückstellen. Erst wenn das Fohlen merkt, dass es bei der Aktion nicht umfällt, kann man den Huf ein wenig höher anheben und später auch auskratzen. Geübt werden muss mit Vorder- und Hinterbeinen. Doch Vorsicht: Manche Pferde – auch Fohlen – neigen bei Unsicherheit dazu, nach hinten auszuschlagen. Also erst ganz sicher sein, dass die Berührung der Hinterbeine und Hinterröhre als angenehem empfunden wird!

- **Verladen**

  Das Verladen ist kein Muss, allerdings sehr sinnvoll. Erstens könnte jederzeit ein Klinikbesuch akut werden, bei dem schnelles Verladen lebenswichtig ist. Zweitens müssen die meisten Fohlen irgendwann zur Fohlenschau, zum Brennen oder zu sonst einer Veranstaltung gebracht werden. Wer hier im Vorfeld schon mal in Ruhe und Muße geübt hat, ohne das Fohlen auf den Hänger zu zwingen, legt für späteres Verladen bereits eine gesunde Basis. Ganz wichtig: Die Mutterstute sollte verladesicher sein, da das Fohlen ihr Verhalten nachahmt. Wenn sie schon nicht auf den Hänger will, gibt sie nicht gerade ein gutes Beispiel.

  Ein Fohlen, das all diese kleinen Herausforderungen des Alltags so früh wie möglich spielerisch erlernt, wird im Erwachsenenalter – in den Grenzen seines Charakters – einfacher im Umgang sein.

1.3 Alter schützt vor Regeln nicht

Jeder Mensch lernt ein Leben lang. Jedes Pferd ebenfalls. Mit der Fohlenerziehung wird nur die Grundlage gelegt, und je besser diese ist, desto einfacher kann ein Pferd auch weiterhin lernen. Dazu gehören, ganz wichtig, bestimmte Regeln, die das Miteinander überhaupt erst möglich machen. Ebenso wie Kinder in ihrer Entwicklung täglich austesten, wie weit sie im Umgang mit Eltern, Lehrern, Freunden oder Fremden gehen können, so testen auch Pferde aus. Dabei darf man dies nicht als Rücksichtslosigkeit verdammen, sondern muss es als lebensnotwendige Eigenschaft erkennen. Wer sich im sozialen Gefüge – bei Pferden also in der Herde – täglich seinen Platz neu erobert, bekommt das beste Futter, die meiste Zuwendung, den sichersten Schlafplatz. Kurz: Wer sich dem Leittier anvertraut und sich gegen die anderen durchsetzt, lebt sicher und in Freuden.

Als Reiter und Pferdehalter ist man für das Pferd zwar nicht Ersatz, aber doch irgendwie Teil der Herde. Genau auf dieser Ebene wird man als Mensch vom Pferd eingeschätzt und ausgetestet. Und zwar täglich neu. Dieses Verhalten muss Folgen für den Menschen im Umgang mit seinem Pferd haben, denn er wird immer wieder aufs Neue herausgefordert. Der oft gehörte Satz genervter Pferdehalter „mein Pferd veräppelt mich“ stimmt haargenau. Allerdings geschieht dieses „Veräppeln“ nicht, weil das Pferd den überforderten Menschen und seine Reaktionen so komisch findet, sondern weil es Sicherheit braucht. Bekommt es die nicht, muss es – und hier kommt wieder sein Ur-Instinkt zum Tragen – die Initiative selbst ergreifen und Entscheidungen treffen. Die wiederum können vielfältiger Natur sein: Durchgehen, Scheuen, den Menschen umrennen, ihn missachten und so weiter. Angemessene Strenge hat also nichts mit Herrschsucht zu tun. Sie vermittelt dem Pferd vielmehr den Eindruck: Das ist der Herdenboss; was der mir sagt, wird schon richtig sein.

Der Mensch wird vom Pferd – nicht nur im wörtlichen Sinne auf diesem Foto – immer als ein Mitglied der Herde gesehen und so behandelt.

Wie aber vermittelt man seinem Pferd diese Sicherheit? Indem man Regeln aufstellt und ihre Befolgung konsequent durchsetzt. Wer sich landauf landab in den Reitanlagen und Pferdeställen umsieht, wird in Sachen Pferdeerziehung sowohl auf „Puzzelchen-das-darfst-du-nicht"-Monologe, als auch auf tierschutzrelevante Brutalo-Methoden stoßen. Keine davon ist richtig, denn keine wird dem Wesen des Pferdes gerecht. Die erste nicht, weil „Puzzelchen" weder Deutsch, Englisch oder Japanisch spricht und ihm die Laute seines Menschen höchstens spanisch vorkommen. Die zweite nicht, weil Brutalität und Gewalt Angst verursachen – ein Gefühl, das nicht nur beim Fluchttier Pferd Panikreaktionen statt Verstehen hervorruft. Erziehung ist vielmehr eine Frage von Liebe, Wissen und Konsequenz. Liebe zum Pferd, Wissen um sein Wesen und absolute Konsequenz im Umgang mit ihm.

1.4 Zauberformel Konsequenz

Konsequenz hat nichts mit Gewalt zu tun. Konsequenz heißt vielmehr: in einer bestimmten Situation immer gleich zu reagieren und unerwünschtes Verhalten immer sofort im Keim zu ersticken. Beliebtes Beispiel: das sich nach der Arbeit am Reiter schubbelnde Pferd. Solange der Reiter schmutzige Kleidung trägt, ist das für viele Pferdehalter nicht nur in Ordnung, sondern auch noch süß. „Er mag das halt so gerne", lautet die lächelnde Entschuldigung. Schubbelt sich derselbe Vierbeiner dann vor dem Start an der weißen Reithose oder feiertags am guten Seidenkostüm, ist das Geschrei groß, womöglich noch gefolgt von Bestrafung. Doch mal ehrlich: Woher soll ein Tier wissen, wann es seinen Reiter schmutzig machen darf und wann nicht? Das menschliche Argument „Heute darf er das mal ausnahmsweise" ist grundverkehrt. Tiere kennen keine Ausnahmen! Sie verunsichern sie nur. Pferde lernen durch Erfahrung und Beobachtung, nicht durch Erklärung und Diskussion. Wenn Sie einem Pferd irgendeine Kleinigkeit, wie zum Beispiel „seinen" Menschen umschubsen, aus Nachsicht oder weil Sie es „niedlich" finden durchgehen lassen, lernt das Pferd: Umschubsen ist erlaubt, vielleicht sogar erwünscht. Also wird weiter geschubst.

Konsequenz ist also nichts Schlimmes im Umgang mit anderen Lebewesen, sondern das Beste, was man tun kann, um Differenzen sowie Stress zu vermeiden und Autoritätsprobleme erst gar nicht aufkommen zu lassen.
Uuuh – Autorität. Welch belastetes Wort. Das klingt für manchen Pferdeliebhaber nach „Druck ausüben", „beherrschen", „in seiner freien Entwicklung behindern". Es hat aber auch etwas mit Dingen zu tun wie „eine Autorität auf einem bestimmten Gebiet sein", „Führungsqualität" oder „Charisma" besitzen. Erinnern wir uns an die Situation des Individuums Pferd in seiner Herde. Auch hier muss es als Teil eines Ganzen funktionieren und sich deshalb bestimmten Regeln unterwerfen. Verstöße dagegen wird weder das Leittier, noch die Natur akzeptieren.

Schubbeln an dreckiger Stallkleidung findet mancher Reiter „niedlich", ...

... am Turnier-Outfit stört's. Wie soll ein Pferd den Unterschied kennen?

1.5 Natürlich gewaltfrei

Eigentlich sollte es im Umgang mit Lebewesen eine Selbstverständlichkeit sein, dass Gewaltanwendung niemals eine Lösung für irgendein Problem sein kann. Keine anerkannte europäische hippologische Erziehungs- und Ausbildungslehre der vergangenen Jahrhunderte propagierte Prügel und Gewalt, sondern das Gegenteil war der Fall: Wissen, Geduld und sorgsamer Umgang wurden gelehrt. Schon im 16. Jahrhundert forderte Antoine de Pluvinel, junge Pferde nicht zu „verdrießen und ihnen ihre freundliche Anmut nicht (zu) verleiden. Denn diese gleicht dem Blütenduft, welcher niemals wiederkehrt, wenn er einmal verflogen ist". Da wundert's dann manchmal schon, dass aus manchen Ecken oft marktschreierisch mit dem Begriff „Gewaltfrei" geworben wird – gerade so, als ob dies etwas Besonderes sei. Mitnichten! Gewaltverzicht im Umgang mit Pferden ist vielmehr so selbstverständlich, ist so sehr Grundlage allen Tuns, dass er – vor allem in der moderneren Literatur – kaum oder gar nicht mehr erwähnt wurde.

Anders mag es da früher in Ländern zugegangen sein, wo es Wildpferde gab (und noch gibt), die keine Menschen kannten. Dass Tiere, die quasi „kostenlos" aus natürlichen Ressourcen nachwuchsen und deshalb kaum etwas „wert" waren, oft wenig pfleglich behandelt wurden, liegt auf der Hand. Die uralten Methoden des „Bre-

chens" oder „Einbrechens" mit ihren gewaltsamen Auswüchsen gehören spätestens seit Xenophons Zeiten (430 bis 354 vor Christus) im Großen und Ganzen – bis auf einige wenige Verirrungen – der Vergangenheit an. „Gewaltfreiheit" im Umgang mit Pferden muss das Natürlichste der Welt und Voraussetzung für jeglichen Handgriff sein.
Dass es überall schwarze Schafe gibt, die trotz allen besseren Wissens mit Druck und Gewalt vorgehen, ist unbestritten. Jeder, der echte Gewalt – nicht Konsequenz und Strenge! – gegenüber Pferden beobachtet, sollte deshalb den Mund aufmachen und einschreiten. Nur so können derart falsche „Methoden", sei es unterm Sattel oder im Umgang, angeprangert und ausgemerzt werden. „Knüppel hoch und drauf" ist niemals der richtige Weg. Wenn dagegen die Kommunikation zwischen Pferd und Mensch stimmt, beide also die gleiche Sprache „sprechen", spielt sich richtiges Verhalten meist problemlos ein, reichen im Allgemeinen kleinste Hinweise Richtung Pferd, um sich Gehör und Achtung zu verschaffen.

1.6 Mit Pferden sprechen

„A horse is a horse, of course, of course,
and no one can talk to a horse of course,
unless of course the horse is the famous Mr. Ed ..."

Die älteren Pferdeliebhaber mögen sich vielleicht noch an ihn erinnern, an Mr. Ed, das sprechende Pferd aus der gleichnamigen US-Fernsehserie der 60er Jahre. Die jüngeren werden ihn vermutlich – ganz im Zeichen des allgemeinen Wiederholung-Trends im TV – irgendwann einmal kennen lernen. Doch was der berühmte Mr. Ed damals nicht wusste: Alle Pferde können sprechen – oder besser: Sie haben eine Sprache. Sie setzt sich aus Lauten zusammen, vor allem aber aus unterschiedlichen Gesten und Bewegungen, der Körpersprache. Auch wir Menschen setzen Körpersprache ein, meist unbewusst und wesentlich eingeschränkter als Pferde es tun. Dies liegt einfach daran, dass sich die Sprache des Menschen im Laufe der Jahrmillionen hin zum Verbalen entwickelt hat. Wir reden mit dem Mund. Gesten und Körperhaltung werden nur noch als verstärkender Rahmen mehr oder weniger intensiv hinzugenommen. Bei Pferden ist das genau andersherum. Sie „sprechen" intensiv mit ihrem Körper, Laute wie Wiehern, Quieken oder Brummeln werden seltener eingesetzt. Aus diesem Grunde achten Pferde auch sehr stark auf die Körpersprache ihres Gegenübers, auch des Menschen. Körpersprache gibt den Pferden Auskunft darüber, ob ihr „Gesprächspartner" freundlich, ablehnend oder gar feindlich gesinnt ist; ob er ängstlich, draufgängerisch oder vielleicht aggressiv ist; und ob er im Sozialverband „etwas zu sagen" hat oder sich eher „unterbuttern" lässt.

Ein Mensch also, der körpersprachlich die falschen Signale aussendet, wird vom Pferd entsprechend eingeschätzt und auch behandelt. Eine ganz natürliche Reaktion und kein böser Vorsatz. Aus diesem Grund ist es ganz wichtig, zum einen die Körpersprache des Pferdes zu kennen, zum anderen seine eigene zu erkennen, sie sich bewusst zu machen und gegebenenfalls zu verändern bzw. verstärkt einzusetzen.

Pferdesprache

Körpersprache

Gesichtsausdruck

Gähnen

• Ohren

- beide eher seitlich hängend
  Zeichen von Entspannung, oft auch beim Dösen zu beobachten
- starr noch vorn aufgerichtet
  Zeichen von Aufmerksamkeit, Neugier, aber auch eventueller Anspannung
- nach hinten angelegt
  Zeichen von Unzufriedenheit, Stress, Aggressivität

• Nüstern/Lippen(-Mimik)

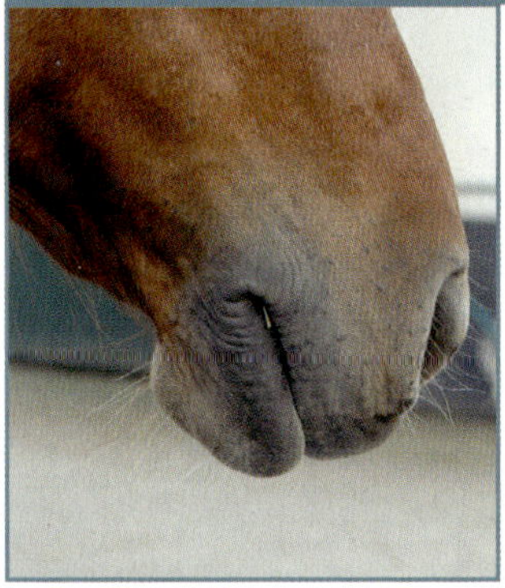

- **Nüstern und Lippen unverändert**
  Zeichen von Zufriedenheit

- **Nüstern kräuselnd gerümpft**
  Zeichen für leichte Verärgerung (nicht alle Pferde können ihre Nüstern rümpfen)

- **Untere Lippe hängend**
  Zeichen für totale Entspannung

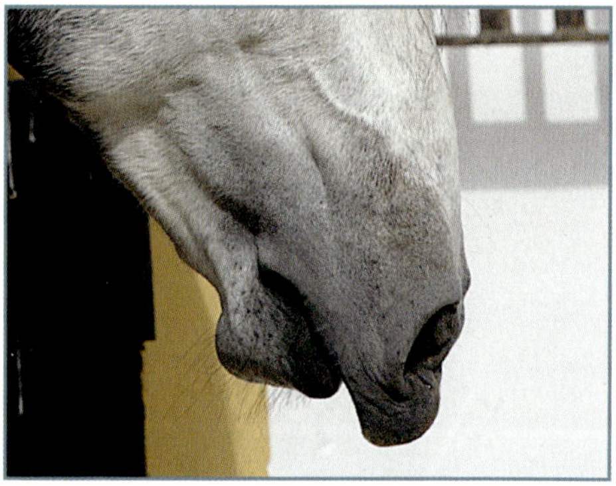

- **Oberlippe vorgewölbt (wie ein Tapir)**
  oft Zeichen für „gute Laune" und „Unsinn im Kopf"

- **Oberlippe hochgestülpt („Flehmen")**
  Zeichen für Aufnahme eines interessanten Geruchs (häufig bei Hengsten zu beobachten)

- **Kaubewegung (beim Fohlen)**
  Zeichen von Unsicherheit, Unterwerfung

- **Lippen zusammengepresst (oft in Verbindung mit angespanntem Augenausdruck und verkrampftem seitlichem Maul)**
  Zeichen für Schmerz („Schmerzgesicht")

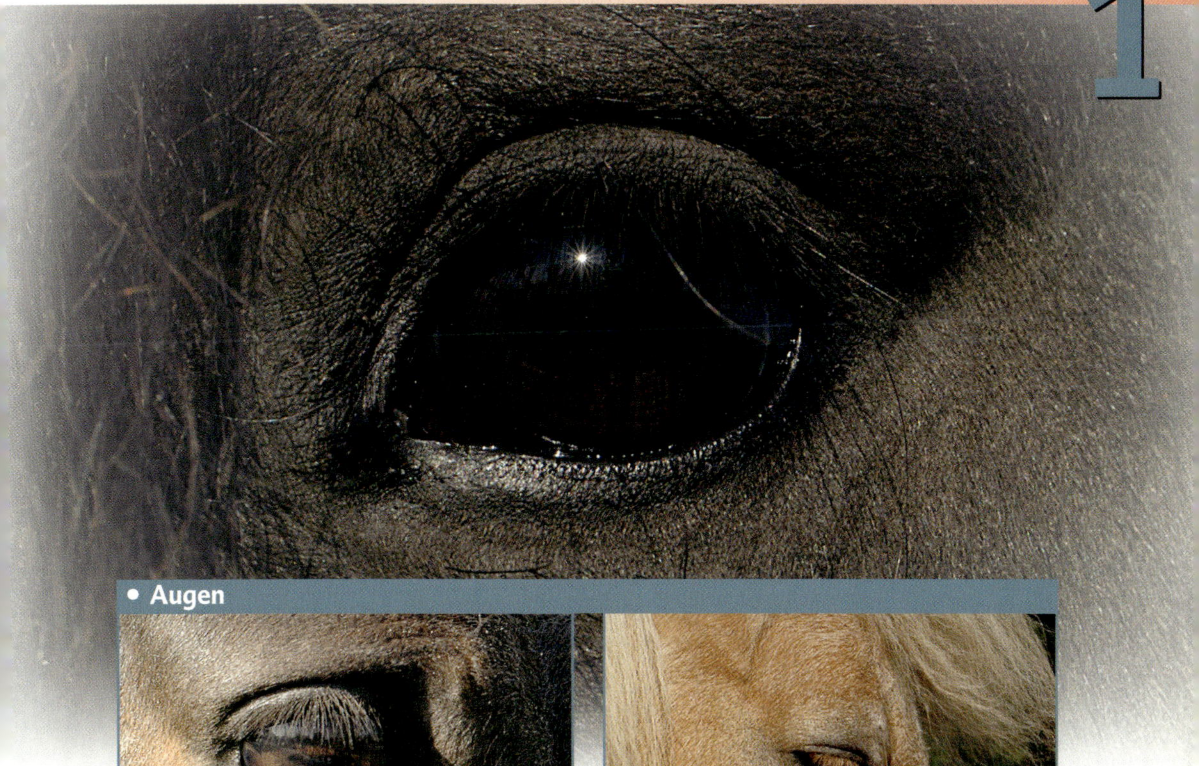

• Augen

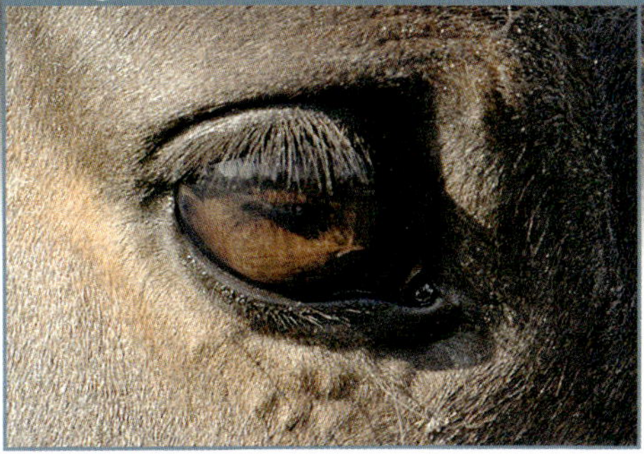

• Augen „normal" geöffnet
Zeichen von allgemeinem Wohlbefinden

• Augen halb geschlossen
Zeichen von Entspannung, Müdigkeit, Dösen

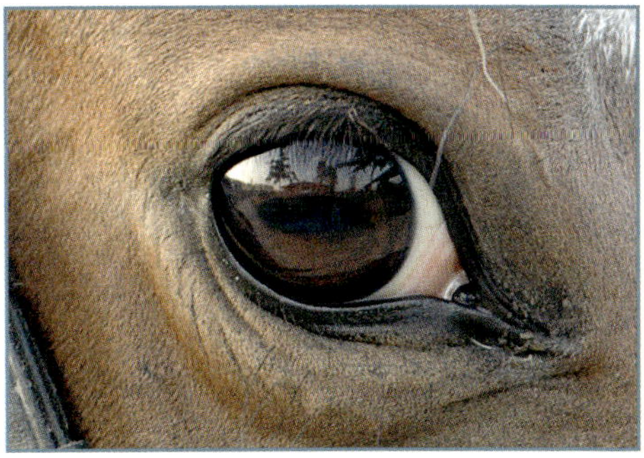

• Augen weit aufgerissen
Zeichen von Angst und Aufregung

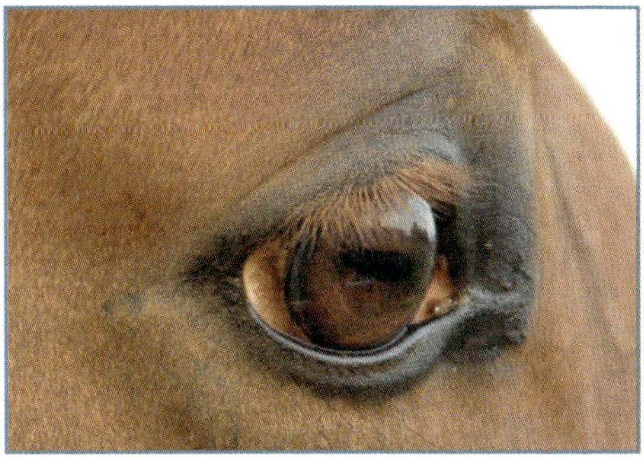

• Augen leicht angespannt (ähnlich wie wenn Menschen die Brauen über der Nase zusammenziehen)
Zeichen von Unsicherheit, Unwohlsein, Schmerz

Diese Mimik sagt bereits sehr viel über die Gemütsverfassung eines Pferdes aus und sollte deshalb immer genau beobachtet werden. Entsprechend dieser Gemütsverfassung kann ein Pferd nämlich recht unterschiedlich auf Annäherung reagieren.

Körperhaltung/Körpereinsatz

- Hals hoch aufgerichtet ▶
  Zeichen von vermehrter Aufmerksamkeit, eventuell gefolgt von plötzlicher Flucht

- Hals hängend
  Zeichen von Entspannung ▼

- Vorgestreckter Hals in Verbindung mit wechselndem Ohrenspiel
◄ *Zeichen von Neugier*

- Vorschnellen des Kopfes in Verbindung ▲ mit angelegten Ohren
Zeichen von Agression

- Wegbeißen
Zeichen für „Hau ab!" ▼

- Wegdrehen des Körpers
Zeichen von „Lass mich in Ruhe" (ohne Abb.)

- Eher aktives Anheben eines Hinterbeins
  Droh-Gebärde, Motto „Komm mir nicht zu nahe" (ohne Abb.)

- Eher nachlässiges Anheben eines Hinterbeins beim Stehen (ohne es zu belasten) ▲
  Zeichen von Entspannung (man sagt, das Pferd „ruht")

- Auskeilen ▲
  Aggressivität, deutliches „Lass mich in Ruhe!"

- Schweif schlagen
  eher ruhiges Pendeln als Zeichen von Gelassenheit; eher hektisches Schlagen als Zeichen von Anspannung, Stress und Verärgerung (ohne Abb.)

- Schweif hoch aufgerichtet ▲
  starke Spannung/Aufregung/Imponiergehabe

- Zartes Beschnuppern ▲
  Vorsichtige Kontaktaufnahme

- Ansteigen
  Zeichen von
  ◀ *„Dominanz austesten"*

- Fellkraulen (an Widerrist und Kruppe des anderen) ▲
  Zeichen von Wohlbefinden und Freundschaft

Laut-Sprache

- Wiehern
  Lautäußerung mit unterschiedlichem Inhalt (Begrüßung, „Hallo, ich bin einsam", „Gleich gibt's Futter", Erkennungszeichen zwischen Stute und Fohlen bzw. zwischen befreundeten Pferden, „Hier-komm-ich"-Ruf des Hengstes)

- „Brummeln" (verhaltendes, leises Wiehern)
  freundliche Annäherung, Motto „Hallo, ich kenn dich"; Wiedererkennungs-Freude

- Quieken
  Zeichen von Unwillen (oft, wenn sich zwei fremde Pferde erstmals beschnuppern)

- Abgehacktes Wiehern (beinahe Röcheln)
  meist bei Hengsten, Zeichen von aufsteigender Anspannung im Kontakt bzw. in der Nähe zu anderen Pferden, oft gefolgt von plötzlichem „Hengstverhalten" (Ansteigen, Angreifen, Besteigen)

Die hier beschriebenen Kommunikationsmöglichkeiten eines Pferdes sind seine Sprache, seine Möglichkeit, sich mitzuteilen, andere einzuschätzen und sie zu verstehen. Und während die Zwiesprache zwischen Pferd und Reiter durch die reiterliche Hilfengebung erfolgt, geschieht sie am Boden eben durch den Einsatz und die Interpretation von Körpersprache und Lautäußerungen.

Für den Menschen hat diese Erkenntnis Konsequenzen. Er muss sich darüber im Klaren sein, dass er in jeder Situation vom Pferd beobachtet wird, es die von ihm (oft natürlich auch unbeabsichtigt) ausgesendeten Signale unaufhörlich interpretiert und entsprechend darauf reagiert – und zwar gemäß seiner ureigenen Sprache. Diese gilt es deshalb nicht nur zu verstehen, man muss sie auch „sprechen". Doch während Mimik und Körpersprache des Pferdes meist Hand in Hand gehen, werden Lautäußerungen vom Pferd nur in speziellen Situationen eingesetzt. Aus diesem Grund sollte der Mensch seine eigenen hin und wieder mal überdenken. Manche Pferdehalter neigen nämlich dazu, ihre Vierbeiner förmlich zuzutexten. Die Folge dieses unaufhörlichen Geredes: Das Pferd nimmt die Laute seines Menschen nicht mehr wahr und damit auch nicht mehr ernst. Den Inhalt versteht es sowieso nicht, lediglich die Betonung und die Stimmlage. Die menschliche Verbalsprache sollte deshalb ebenso gezielt eingesetzt werden wie die menschliche Körpersprache.

Verbalsprache des Menschen

- Reden Sie mit Ihrem Pferd mit ruhiger Stimme.

- Vermeiden Sie schrilles Dauergeplapper (klingt in Pferdeohren wie ablehnendes, leicht aggressives Quieken).

- Senken Sie Ihre Stimme ein, zwei Nuancen tiefer (kommt dem freundlichen Begrüßungs-Brummel-Ton der Pferde näher).

- Setzen Sie energische Stimmkommandos kurz und prägnant ein, anfangs am besten gemeinsam mit entsprechendem Körpereinsatz (z.B. „Steh!" zusammen mit Zug an Strick/Zügel oder kurzem Touchieren mit der Gerte an den Vorderbeinen).

- Loben Sie Ihr Pferd mit der Stimme (am besten in Verbindung mit beruhigendem, anerkennendem Tätscheln), wenn es etwas richtig gemacht hat.

- Beruhigen Sie Ihr Pferd mit ruhiger Stimme, vermeiden Sie dabei aber übertriebenes „Ho, Ho" oder „Ruuhig, ruuhig!". (Dadurch werden manche Pferd nämlich erst auf vermeintliche Gefahren aufmerksam gemacht, da zu viel beruhigendes Geplapper die Unsicherheit des Menschen widerspiegelt).

Körpersprache des Menschen

- Vermeiden Sie hektische Bewegungen (jede Körperbewegung sollte Ruhe und Gelassenheit ausstrahlen).

- Wenn Sie das Pferd von sich wegtreiben wollen, bleiben Sie seitlich leicht hinter ihm (Zeichnung 1).

- Wenn Sie es am Vorwärtsstürmen hindern wollen, bleiben Sie seitlich leicht vor ihm (etwa in Schulter-/Kopfhöhe (Zeichnung 2).

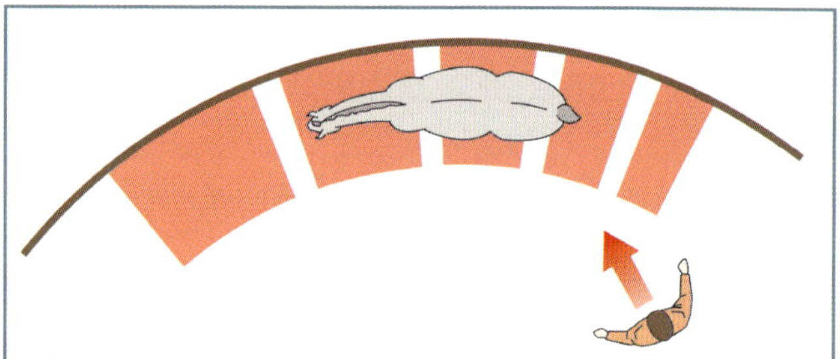

Zeichnung 1

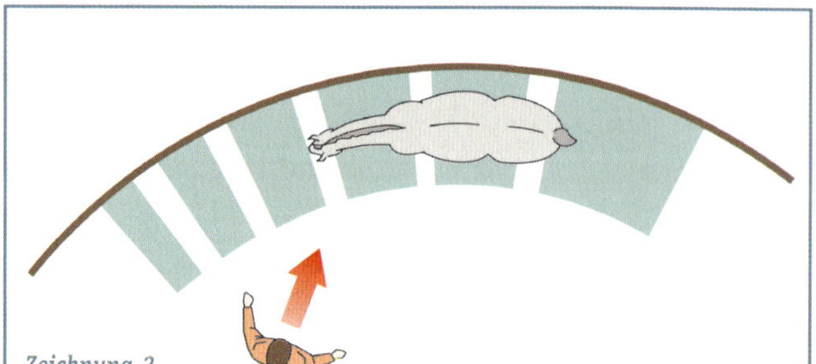

Zeichnung 2

- Berühren Sie Ihr Pferd (lang gezogenes Streicheln, kurzes Klopfen, sanftes Handauflegen).

- Reagieren Sie auf unerwünschtes Verhalten (Kopfnüsse, Schnappen, Beißen, Treten, Scharren etc.) sofort mit einem kurzen, aber energischen Schlag mit der flachen Hand. Natürlich sind empfindliche Körperteile wie Augen oder knöcherne Regionen an Kopf und Beinen zu meiden!

- Beachten Sie auch Ihre Körperhaltung: „Normal" aufgerichtet flößen Sie dem Pferd Vertrauen ein. Extrem hoch aufgerichtet, womöglich noch mit erhobenem Arm (Angriffshaltung), ernten Sie Skepsis. Geduckt und schleichend erinnern Sie an einen tierischen Jäger.

Stimme und Körpersprache des Menschen müssen dem Pferd eindeutig signalisieren, wer in der Kombination Mensch-Pferd das Sagen hat. Dabei kommt es nicht unbedingt darauf an, immer den Über-Boss herauszukehren. Viel wichtiger ist es, dem Pferd einen festen Rangplatz und damit Sicherheit und Vertrauen zu geben.

Stichwort Vertrauen. Dies ist die Grundlage des Umgangs mit Pferden überhaupt. Dabei muss Vertrauen auf Gegenseitigkeit beruhen. Je mehr der Mensch vom Pferd

Vertrauenbeweis: La Picolina, Spitzname „Liese", lässt sich beim täglichen Schmusen vollkommen auf ihre „Chefin" Britta Schöffmann ein.

als Führungspersönlichkeit akzeptiert wird, desto problemloser wird es sich auch führen lassen – in jeder Hinsicht. Zeigt der Mensch dagegen Ängstlichkeit und Schwäche, verunsichert er das Pferd. In Ermangelung eines Herden-Führers übernimmt es selbst die Initiative – mit unterschiedlichen Folgen.

Inwieweit sich der Mensch beim Pferd seinen Chef-Platz erobern muss, hängt nämlich ein wenig vom Individuum Pferd ab. Es gibt Typen, die sich nur wohl fühlen, wenn ihnen jemand klar sagt, wo's lang geht. Haben sie den Menschen einmal akzeptiert, stellen sie dies kaum noch einmal in Frage. Verhält sich der Mensch aber immer wieder unsicher, zwingt er das Pferd, selbst den Chef zu mimen – eine Aufgabe, mit der das selbst eher unsichere Pferd jedoch überfordert ist. Riskante Situationen wie plötzliches Scheuen oder übertriebene Fluchtreaktionen können die Folge sein.

Dann gibt es aber auch Typen, die hin und wieder testen, ob sie nicht doch am längeren Hebel sitzen. Das sind dann Pferde, die ihre Menschen immer wieder aufs Neue fordern und herausfordern. Der Umgang mit solchen Typen ist schon ein wenig schwieriger und erfordert mehr bewusstes Handeln. Und schließlich sind da noch die Pferde (oft Hengste), die charakterlich gesehen selbst Führungspersönlichkeiten sind, die in jeder Situation die Chance wittern, die Chef-Position zu übernehmen. Der Alltag mit ihnen kann zur Herausforderung werden, die unerfahrene und unsichere Pferdefreunde schon mal überfordert.

Merke!

Pferde sind, bei allem arttypischen Verhalten, Individuen und sollten auch individuell erzogen werden.

1.7 Lob und Strafe

Das Erlernen und Beherrschen der „Pferdesprache" ist also immens wichtig, um überhaupt erzieherisch tätig werden zu können. Denn wie sonst kann der Mensch beim Auftauchen eines Problems wissen, ob er mit seinem Verhalten, seinen Signalen vom Pferd überhaupt richtig verstanden wurde, ob nicht vielleicht ein Missverständnis zwischen beiden vorliegt oder aber doch eine Widersetzlichkeit, ein „unerwünschtes Verhalten" also. Letzteres sollte bestraft werden, Ersteres auf keinen Fall. Wer sein Pferd für etwas straft,

Tätscheln am Hals ist eine Geste des Lobes, die Gerte in der Hand soll nicht strafen, sondern nur die Kommunikation untersützen.

was eben gerade aus einem solchen Missverständnis entstanden ist, schafft nur Verwirrung, Unsicherheit und auf Dauer erneute Missverständnisse und dadurch Angst sowie Widersetzlichkeit. Lob und Strafe müssen deshalb ganz gezielt und immer sehr bedacht eingesetzt werden. Dabei ist Loben der Strafe immer vorzuziehen. „Positive Verstärkung" nennt man das in Psychologie und Pädagogik – im Gegensatz zur „negativen Verstärkung", der Strafe also.

Macht ein Pferd im allgemeinen Handling alles richtig – lässt es sich problemlos führen, anbinden, satteln usw. –, darf man es ruhig zwischendurch loben. Durch bestätigendes Zureden, durch Streicheln und Tätscheln oder Gabe einer Leckerei. Das motiviert und schafft Vertrauen. Das Gleiche gilt für neu erlernte Dinge beziehungsweise für kleine Alltagsaufgaben, die vom Pferd korrekt gelöst werden. Überhaupt sollte Lob den gesamten Umgang (ebenso wie auch das Reiten) bestimmen, da auf diese Weise schnellere Lernerfolge erzielt werden können.

Wichtig ist jedoch, nicht im falschen Moment zu loben. Typisches Beispiel: Das Pferd scharrt beim Erscheinen „seines" Menschen und tritt ungeduldig gegen die Tür. Bekommt es in diesem Moment zur Begrüßung ein Leckerchen, verstärkt sich die ungewollte Scharrerei. Während der Mensch denkt: „Der Süße freut sich, wenn ich komme", hat das Pferd bloß gelernt: „Scharren heißt Belohnung". Dass es dann irgendwann immer mehr scharrt, ist nur logisch. Das Gleiche gilt für das „Der-sucht-immer-in-meinen-Jackentaschen-nach-Leckerlis", was viele Pferdehalter so „niedlich" finden. Dabei vergessen sie, dass der Vierbeiner in diesem Moment die natürliche Distanz, die jedes Lebewesen umgibt, unterschreitet und aufdringlich wird, um etwas zu erreichen. Und dieses Etwas hat nichts mit dem Wunsch nach Nähe zu tun, sondern mit der nachdrücklichen Forderung: Ich will was zu fressen haben. Das ist nicht süß, sondern der erste Schritt zu Distanzlosigkeit und damit zu Dominanzproblemen. Und Hand aufs Herz: Sie finden es sicher auch nicht süß, wenn Ihr Hund, der Hund des Nachbarn oder gar der Nachbar selbst seine Nase dreist in Ihre Jackentasche versenkt auf der Suche nach Essbarem.
Belohnung durch Leckereien sollte folglich immer ganz bewusst eingesetzt werden, zum Beispiel wenn das Pferd eine gestellte Aufgabe richtig gelöst hat. Dies erhält die Freude am Lernen und stärkt auch die Bindung zwischen Mensch und Pferd.

Das heißt aber nicht, dass nicht hin und wieder auch mal gestraft werden muss. Dabei hat Strafen jedoch nichts mit Prügeln zu tun. Jegliche Form von Brutalität muss vermieden werden! Erstens weil's nichts bringt, zweitens, weil's Probleme nur noch schlimmer macht.

Strafe ist vielmehr das gezielte und konsequente Setzen einer Einwirkung auf das Pferd, so wie sie auch Pferde untereinander austauschen. Das kann ein Klaps, ein Schlag/Anbuffer mit Hand oder Gerte oder auch ein kurzes, energisches Wort sein. Wichtig ist nur, dass diese Einwirkung umgehend erfolgt, also genau dann, wenn sich das Pferd danebenbenimmt. Ihr Pferd mag nämlich noch so schlau sein, die Verknüpfung seiner Tat (oder Untat) mit einer Strafe, die erst Minuten später erfolgt, ist ihm nicht möglich. Auch der konsequenzenlose Hinweis „Maus, nun warst du aber böse" überfordert die naturgebenenen geistigen Fähigkeiten eines Pferdes und schafft auf Dauer mehr Probleme als ein zur richtigen Zeit gesetztes „handfestes" Argument. Pferde können nun einmal nicht verbal mit Menschen diskutieren. Ihnen fehlt die Sprache, die Einsicht und das Reflektionsvermögen.

Das heißt nicht, dass Pferde dumm sind. Sie lernen täglich dazu – allerdings unerwünschte Dinge ebenso wie erwünschte, unterm Reiter ebenso wie im täglichen Umgang. Wenn ein Pferd lernt, mit Ungehorsam seinem Menschen ein Schnippchen schlagen zu können, wird es dies in immer häufigeren Situationen ausnutzen – einfach, um sich einen nächst höheren Platz im Sozialgefüge zu erobern. Scheuen Sie sich also nicht, im richtigen Moment einmal „eine Einwirkung zu setzen". Zu gut

Wenn Pferde miteinander kommunizieren, dann kann es schon mal ein wenig grob zugehen – das gehört zur „Pferdesprache" dazu.

Deutsch: Geben Sie ihrem Liebling, wenn es nötig ist, ruhig auch mal „eins auf die Mütze". Solange dies kurz, knapp und (ganz wichtig) ohne Wut geschieht, solange es also quasi nur wie ein Begriff aus dem Vokabular der Pferde ist, so lange ist dies als Strafe durchaus angemessen und wird vom Pferd auch verstanden. Nicht in der Erkenntnis: „Ich habe etwas Verbotenes gemacht und deshalb werde ich nun gestraft", sondern in dem einfachen, aber einprägsamen Gedanken: „Das mag der Chef nicht, das lass ich besser."

Gesetzt werden kann eine Strafe mit der Hand, einem Strick (nicht mit dem Karabinerhaken-Ende!) oder einer Gerte. Doch Vorsicht: Alles, was über einen gezielten Klaps/Schlag hinausgeht, wird schon zur Prügel und ist auf jeden Fall abzulehnen!

Merke!

Eine Gerte bei der Bodenarbeit muss immer so lang sein, dass man einen ausreichenden Sicherheitsabstand zum Pferd halten kann.

Auch die Gerte ist lediglich die Verlängerung des menschlichen Arms (und damit sein Schutz) und kein Folterinstrument. Ein Schlag soll lediglich ein eindeutiges „Nein" signalisieren und dem Pferd klarmachen, welches Verhalten unerwünscht ist. Energisch muss die so gesetzte Einwirkung jedoch sein, sonst bringt sie nichts. Man darf nicht vergessen: Wenn Pferde untereinander „diskutieren", bekommen 600 Kilogramm Lebendmasse von einem ebenso schweren Gegner mit entsprechender Kraft dessen Argumente zu spüren. Der Mensch dagegen versucht, mit rund 60 bis 80 Kilo (beim Erwachsenen) seine Position zu sichern. Da braucht's dann schon mal ein gutes Pfund Durchsetzungsvermögen, um auch Chef zu bleiben. Und so, wie ein Pferd im Umgang mit Artgenossen recht schnell spitz hat, was es darf und was nicht, wird es dies auch im Umgang mit Menschen lernen – wenn der Mensch in den entsprechenden Sitationen immer richtig und besonnen reagiert und sich als Chef, Alpha-Tier, oder wie man dies sonst auch immer nennen mag, dominant zeigt.

Kapitel 2

Der richtige Umgang

2.1 Die richtige Annäherung

Der erste Kontakt zwischen Mensch und Pferd beginnt im Alltag meistens damit, dass der Mensch auf ein Pferd zugeht. Diese Annäherung kann bereits ausschlaggebend für das weitere Verständnis zwischen beiden sein, vor allem, wenn da zwei aufeinander treffen, die sich zuvor noch nicht kannten. Das Pferd (Fluchttier) nimmt normalerweise zunächst eine beobachtende, abwartende Haltung ein. Je nach Typ kann dies eher mit Schwerpunkt Neugier oder Schwerpunkt Skepsis geschehen. Ein erfahrener „Horseman" erkennt das auf den ersten Blick und stellt sich darauf ein. Dem neugierigen Pferd kann er sich etwas forscher nähern, dem skeptischen entsprechend bedachter. Wer die Feinheiten in Mimik und Ausdruck eines Pferdes noch nicht so genau lesen kann, sollte auf jeden Fall bei der Annäherung an ein fremdes, aber eigentlich auch an jedes Pferd folgendermaßen vorgehen:

- Nähern Sie sich dem Pferd möglichst von vorn oder von der Seite. Erstens sind Sie damit von den eventuell austretenden Hinterbeinen weiter entfernt. Zweitens kann Sie das Pferd dann bereits kommen sehen. Da seine Augen vorn-seitlich am Kopf angebracht sind, hat es zwar einen recht großen Blickwinkel, kann aber trotzdem in einigen toten Winkeln nichts sehen und könnte, falls aus einem solchen toten Winkel plötzlich jemand auftaucht, mit Auskeilen oder Flucht reagieren. Deshalb:

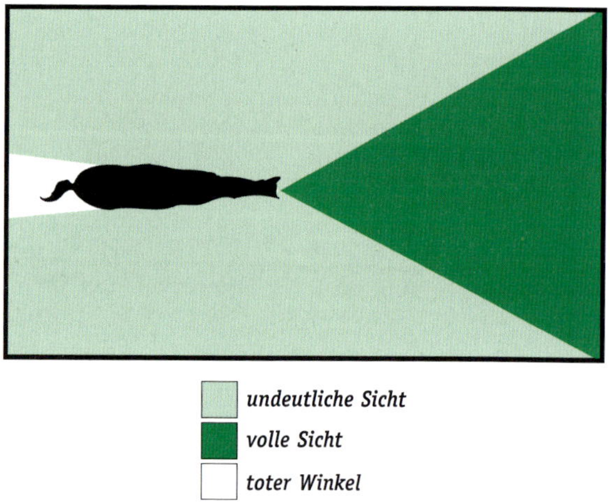

- Sprechen Sie ein Pferd immer an, damit es, falls es Sie nicht gesehen oder – vielleicht weil es döste – nicht bemerkt hat, nicht erschrickt, wenn Sie plötzlich neben ihm stehen. Warten Sie deshalb immer seine Reaktion ab. Was Sie sagen, ist unerheblich, wie Sie es sagen, ist wichtig. Der Tonfall sollte freundlich und bestimmt sein, nicht zu laut, aber auch nicht zu leise, nicht zu fordernd, aber auch nicht zu zögerlich. Klingt kompliziert, ist es aber nicht. Stellen Sie sich einfach vor, Sie sprechen jemanden auf der Straße an und wollen nach dem Weg oder der Uhrzeit fragen.

- Gehen Sie immer ruhig, gelassen, aber auch ohne Zögern auf ein Pferd zu.

- Vermeiden Sie hektische Bewegungen.

Diese zarte und entspannte Kontaktaufnahme zwischen Mensch und Pferd drückt Vertrauen, Harmonie und ein bisschen gegenseitige Neugierde aus.

- Strecken Sie dem Pferd die flache Hand ausgestreckt entgegen (die meisten Pferde kennen diese Geste als Leckerli-Angebot).
- Vermeiden Sie, die Arme plötzlich über den Kopf zu heben oder zu winken (Pferde verstehen dies als Abwehr- oder Angriffsbewegung).
- Stellen Sie sich seitlich ans Pferd (etwa Schultherhöhe) und tätscheln es am Hals.

2.2 Die richtige Berührung

Die meisten Lebewesen mögen es, berührt zu werden, entweder von Artgenossen oder, falls es sich um domestizierte Tiere handelt, von Menschen. Streicheleinheiten bringen Entspannung – auch Pferden. Im Umgang von Pferden untereinander kann man zartes Schnuppern beobachten, gegenseitiges Belecken von Nüstern oder sogar Zungen und auch intensives Fellkraulen, vornehmlich an Widerrist, Rücken und Kruppe. Durch Berührungen werden, das ist inzwischen wissenschaftlich bewiesen, spezielle Hormone, die so genannten Endorphine freigesetzt, die glücklich machen, entspannen und sogar Schmerz lindern. Das „Schmusen" mit dem Pferd ist deshalb mehr als nur oft belächelter „Tüdelkram". Es ist Massage für die Seele – die des Pferdes und des Menschen. Denn auch das hat die Wissenschaft inzwischen bewiesen: Wer sich um ein Haustier kümmert – und dazu gehören Pferde im weitesten Sinne auch – lebt gesünder.

Wie und wo man ein Pferd berührt, hängt individuell vom Vierbeiner ab. Der eine genießt Streicheleinheiten am Kopf, der andere am Körper, wieder andere wollen vielleicht gar nicht „beschmust" werden, finden dagegen intensives Putzen angenehm. Oder Sie wollen Ihrem Pferd sogar ein Küsschen geben? Tun Sie's! Auch, wenn Sie dafür vielleicht ein pikiertes Kopfschütteln ernten – kurbeln Sie Ihre Endorphinproduktion und die Ihres Pferdes an. Und mal ehrlich: Rauchen oder Trinken ist auf jeden Fall ungesünder.

Pferd und Mensch genießen Streichel- und Schmuseeinheiten oft gleichermaßen.

Sie haben Sorge, Ihr Pferd so zu sehr zu vermenschlichen? Macht nichts. Wenn Sie es nur auf diese Weise tun, richtet es keinen Schaden an. Schlimmer ist Vermenschlichung, wenn sie der artgerechten Haltung und der pferdetypischen Kommunikation entgegensteht. Ein Küsschen in Ehren hat dagegen noch niemandem geschadet – auch keinem Pferd.

Das Schmusen, Tätscheln und Berühren des Vierbeiners sollte aber auf jeden Fall genauso ruhig und gelassen vonstatten gehen wie das gesamte Handling überhaupt. Neben dem bekannten „Klopfen" an Hals oder Kruppe genießen Pferde auch lang gezogene und kreisende Streichelbewegungen mit der flachen Hand über Hals, Rücken und Gliedmaßen bzw. massierende Griffe mit den Fingern oder Knöcheln. Die taktilen Hautreize, die damit gesetzt werden, sind ebenso entspannend wie die Aktivierung von diversen Akupressurpunkten. Zur Perfektion entwickelt im Umgang mit Tieren hat dies u.a. die US-Amerikanerin Linda Tellington-Jones, die mit ihrem „TT-Touch" auf der ganzen Welt für Furore sorgte. Selbst wenn Sie die speziellen „Touches" nicht beherrschen, scheuen Sie sich nicht, Pferde zu streicheln. Und auch hier ist wieder mehr Hinsehen als Flüstern gefragt: Beobachten Sie Ihr Pferd, es wird Ihnen zeigen, was es mag und was nicht.

2.3 Raus aus der Box

Jede Kleinigkeit im Umgang mit Pferden kann große Bedeutung haben für die gegenseitige Akzeptanz. Selbst so etwas auf den ersten Blick Simples wie ein Pferd aus der Box herausführen sollte deshalb nicht völlig gedankenlos geschehen. Das „Herausholen" besteht aus mehreren Einzelvorgängen: Pferd ansprechen und Tür öffnen, Halfter anlegen, aus der Box führen. Richtig einstudiert, kommt es selten zu Problemen. Lässt man dagegen Kleinigkeiten durchgehen, kann es zu massiven Schwierigkeiten kommen vom „Sich-nicht-Aufhalftern-Lassen" bis hin zum „Über-den-Haufen-gerannt-Werden".

a) Pferd ansprechen und Tür öffnen: Warum man ein Pferd grundätzlich ansprechen soll, bevor man sich ihm nähert und es berührt, wurde bereits erklärt. Nach dem Öffnen der Tür bleibt man zunächst im Türrahmen stehen und lässt das Pferd auf sich zukommen. Einem Begrüßungstätscheln oder einer Leckerli-Gabe als Belohnung folgt

b) das Anlegen des Halfters: Dabei steht man seitlich mit Blickrichtung nach vorn auf der linken Seite neben dem Pferdehals. Je nach Halfter unterscheidet sich nun das Vorgehen. Bei einem nach oben geschlossenen Halfter, bei dem zum leichteren Reinschlüpfen nur der Kehlriemen geöffnet ist, nimmt man das Halfter so in beide Hände, dass es „offen" ist und über die Pferdenase gestülpt werden kann. Anschließend gleiten beide Hände nach oben und ziehen das Genickteil des Halfters hinter die Pferdeohren. Nun noch seitlichen Kehlriemen einhaken, fertig.

Bei einem Halfter, dessen Genickstück geöffnet ist, geht man ähnlich vor: Das Halfter mit beiden Händen so vor den Pferdekopf halten, dass es über den Nasenrücken gestülpt werden kann. Dann mit der rechten Hand den Riemen des Genickstücks übers Genick legen, Schnalle schließen, fertig.

Halfter sind entweder seitlich am Kehlriemen zu schließen …

… oder am Genickstück.

c) Zum „Aus-der-Box-Führen" klinkt man aus Sicherheitsgründen zunächst einen Strick (am besten mit Panikhaken) in den Halfterring unter den Unterkieferknochen ein, bevor man zügig, neben dem Pferd hergehend, es in so ausreichendem Bogen durch die geöffnete Boxentür führt, dass es seitlich weder mit Schulter noch mit Hüfte aneckt.

Was tun, wenn ...

- **das Pferd einem das Hinterteil zudreht?**
  Häufige Situation: Die Boxentür geht auf, das Pferd dreht sich weg und zeigt dem Menschen desinteressiert sein Hinterteil. In einem solchen Fall kann man zunächst mit freundlicher Stimme locken, verstärkt vielleicht mit einer Leckerei. Reagiert das Pferd nicht wie gewünscht, geht man ruhig in die Box, klopft es am Hals und legt ihm das Halfter auf. Wiederholt sich dieser Vorgang Tag für Tag, wird das Pferd irgendwann freiwillig kommen.

- **sich das Pferd wegdreht, die Ohren anlegt und vielleicht noch mit angehobenem Hinterhuf droht?**
  Extreme Situation: Der Vierbeiner belässt es nicht bei Desinteresse, er fordert den Menschen heraus und signalisiert klar und deutlich „Lass mich in Ruhe, sonst setzt es was." Ein Betreten der Box könnte in diesem Moment gefährlich sein, trotzdem darf man sich das Verhalten nicht gefallen lassen, sonst wird daraus ein ernsthaftes Problem. Normalerweise hat man nun ein Halfter samt Strick oder eine Trense in der Hand. Dreht sich das Pferd auf Zuruf nicht zum Menschen und droht weiter, ist schnelles Handeln gefragt: Ein Schlag mit dem Halfter bzw. Lederzeug Richtung Kruppe (immer aus sicherem Abstand mit Blick auf die Hinterhufe!) kann manchmal Wunder wirken und das Pferd zur Einsicht bringen. Dreht es sich Ihnen danach zu, belohnen Sie es mit Stimme, Tätscheln und/oder Leckerli und legen das Halfter an. Normalerweise genügt einmalig ein derartig konsequentes Handeln, um die Rollenverteilung wieder geradezurücken. Bei bereits verdorbenen Pferden, also solchen, die bemerkt haben, dass sie Menschen dominieren können, muss die konsequente Einwirkung eventuell an mehreren Tagen hintereinander gesetzt werden – aber immer nur als kurze, knappe Reaktion auf unerwünschtes Verhalten des Pferdes.

Diese Korrekturmaßnahme kann nur von pferdeerfahrenen Menschen durchgeführt werden!!!

2.4 Wer gut führt, übernimmt die Führung

Egal wie groß oder klein Pferd oder Reiter sind: Beim Führen muss der Mensch immer der Chef sein, das Pferd soll ihm ruhig und aufmerksam folgen, wie hier schön demonstriert.

Wer einmal Menschen beobachtet, die Pferde an der Hand führen, kann schon sehr interessante Studien betreiben. Da gibt es die einen, die ihr Pferd mehr hinter sich her ziehen, als es zu führen. Bei anderen herrscht genau das Gegenteil – da fragt man sich eher: Wer führt hier eigentlich wen? Wieder andere scheinen gemeinsam mit dem Vierbeiner beim Gehen in Tiefschlaf zu verfallen, während einige Pferde wie ein Gummiball an Führstrick oder Zügel hin und her hüpfen und sich einen Deut um den Führenden scheren. Schlafmütze, Faulpelz, Hampelmann oder Draufgänger – schon beim Führen testen Pferde aus, wie sie sich dem Menschen gegenüber verhalten dürfen. Ob sie seine „Führung" anerkennen oder stattdessen ihr eigenes Ding machen. Es liegt also in der Hand des Führenden, ob er das durchgehen lässt oder ob er nicht vielmehr bereits bei dieser so simpel anmutenden Handlung seine „Chefposition", seinen Rang klarmacht. Ein Pferd, das seinem Menschen schon in dieser Situation nicht vertraut oder ihn nicht ernst nimmt, wird dies auch nicht unterm Sattel tun. Warum sollte es auch?

So soll's nicht aussehen: Herumschnüffeln wie ein Hund (unten) ...

oder aufmüpfiges Hochreißen des Kopfes (rechts) ...

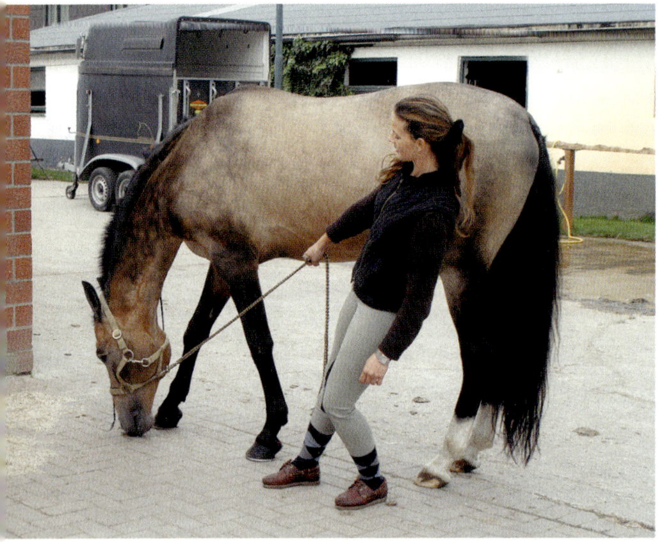

... sind ebenso Zeichen von Missachtung wie desinteressiertes Hinterherschleichen.

Also: Richtiges Führen macht Sinn. Doch wie führt man ein Pferd „richtig"? Eigentlich ist es ganz einfach, zumindest, wenn man von Anfang an auf ein paar Kleinigkeiten achtet. Das Pferd soll auf jeden Fall fleißig und gehorsam neben dem Menschen hergehen, auf ihn achten, ihn beobachten und sich jederzeit anhalten oder wenden lassen oder auf entsprechende Aufforderung an der Hand antraben.

Merke!

Auch Spezialhalfter, wie zum Beispiel Monty Roberts' Dually-Halfter, wirken scharf und schmerzhaft auf den Nasenrücken des Pferdes und müssen entsprechend sorgsam und vorsichtig eingesetzt werden.

- Gehen Sie auf der linken Seite etwa in Kopf-/Schulterhöhe neben Ihrem Pferd. So haben Sie es im Blick und können bei Bedarf schneller reagieren.

- Führen Sie immer mit Strick bzw. Zügel, das erhöht Ihren Sicherheitsradius und verbessert Ihre Einflussmöglichkeiten bei einem eventuellen Zwischenfall (bei heftigen oder unbekannten Pferden sicherheitshalber Handschuhe anziehen).

- Legen Sie die eventuell überhängenden Stricktei-le/Zügel in Schlaufen in Ihre Hand oder führen Sie den Strick durch die rechte in die linke Hand.

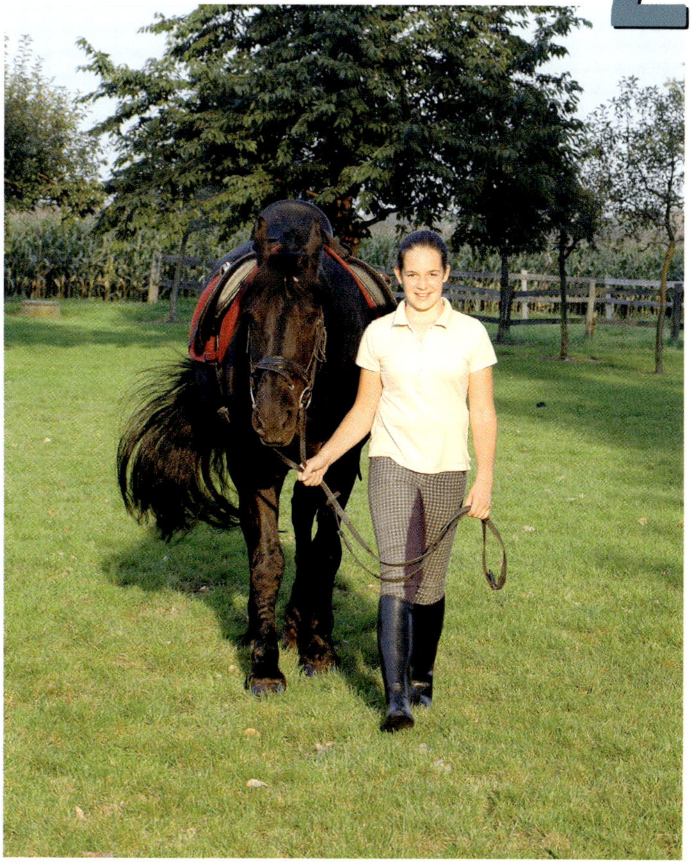

So ist Führen am sichersten: auf Trense, am über den Kopf genommenen Zügel und mit festem Schuhwerk (Stiefeln); optimal wären nun noch Handschuhe.

- Wickeln Sie niemals Strick oder Zügel um Ihre Hand! Im Falle eines Durchgehens könnte es zu ernsten Verletzungen kommen.

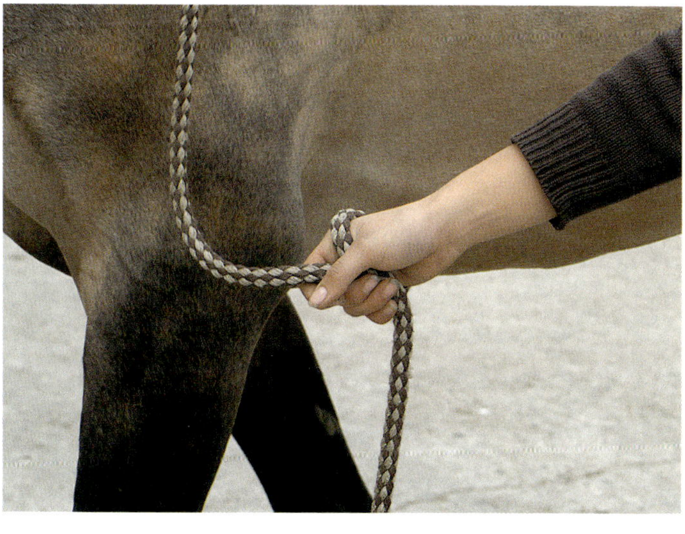

Brandgefährlich und deshalb absolut verboten: der Strick um die Hand gewickelt.

- Gehen Sie immer zügig. Sollte das Pferd nicht ebenso zügig folgen, bitten Sie anfangs einen Helfer um Unterstützung. Der sollte (in ausreichendem Sicherheitsabstand) von hinten nachtreiben, entweder allein durch seine Anwesenheit, mit Hilfe von Stimme/ Schnalzen oder leicht touchierend mit einer Gerte.

- Wenden Sie bei einem Richtungswechsel zum Pferd hin, das heißt: Sie beschreiben nach rechts hin den äußeren Kreis, das Pferd den inneren. Auf diese Weise haben Sie mehr Kontrolle, das Pferd kann nicht so leicht seitlich ausbrechen und muss sich mehr auf Sie konzentrieren.

- Üben Sie beim Führen das spontane, zügige Antreten genauso wie das Anhalten und ruhige Stehenbleiben. Auf leichten Zug am Strick oder Zügel, gegebenenfalls verbunden mit einer Stimmhilfe (Halt, Steh oder ähnlich), muss das Pferd neben Ihnen still stehen bleiben und warten, bis es weitergeht. Optimal ausgebildete Pferde bleiben sogar stehen, sobald ihr Führer anhält.

- Achten Sie darauf, dass Ihnen das Pferd beim Führen nicht zu nah auf die Pelle rückt. Halten Sie es dazu mit einem energischen Klaps oder Ellenbogen-Knuffer gegen die Schulter auf Abstand (etwa 50 Zentimeter).

Was die Position des Führenden angeht, so gibt es unterschiedliche Auffassungen. Aus dem Western-Bereich kennt man das Führen vor dem Pferd, das heißt, das Pferd geht am längeren Strick hinter dem Menschen her. Gern wird heute damit argumentiert, dies stärke die Chef-Position des Menschen, da das Pferd dem „Leittier" folgen müsse. Ob sich die Cowboys vor hundert, zweihundert Jahren darüber tatsächlich derartige Gedanken gemacht haben oder ob sie nicht einfach nur ihre durch harte Arbeit ermüdeten und

Beim Führen soll das Pferd Sie weder überholen, noch von Ihnen wegdriften, sondern …

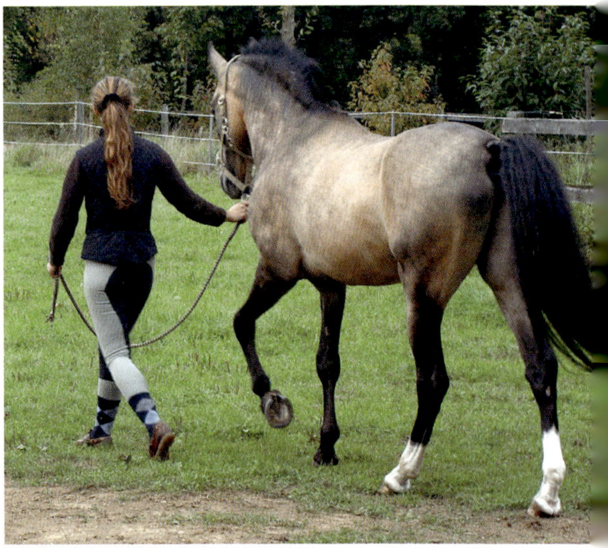

… konzentriert und zügig neben Ihnen hergehen. Vor allem bei einem schwierigen Pferd wären hier aus Sicherheitsgründen Handschuhe und festes Schuhwerk empfehlenswert.

sicher nicht mehr zu Unsinn aufgelegten Pferde hinter sich her trotten ließen, bleibt dahingestellt. Denn auch in den Halter-Classes bei Western-Turnieren wird das Führen in der Position neben dem Pferd verlangt.
Ganz egal, ob vor oder neben dem Pferd – wichtig ist, dass der Führende in der Position neben dem Pferd eine bessere Kontrolle und damit eine größere Sicherheit hat – was angesichts eines modernen industrialisierten Umfeldes (Straßen, Autoverkehr, Wohngebiete etc.) sehr empfehlenswert ist.

Darüber hinaus gibt es aber immer auch Situationen, in denen Pferde hinter dem Menschen kontolliert hergehen sollen, beim Passieren enger Durchgänge oder Stege zum Beispiel, außerdem in vielen Bereichen der Wander- und auch Distanzreiterei. Man sollte aus der Führposition deshalb keine Glaubensfrage machen. Solange das Pferd den Führenden als Chef akzeptiert und ihm in diesem Sinne „folgt“ ist alles o.k.

Was tun, wenn ...

- **sich das Pferd beim Führen ziehen lässt?**
  Häufige Situation: Der Mensch geht voran, das Pferd latscht gemächlich hinterher. Hier sollte man sich von Anfang an durchsetzen und das Pferd zum zügigen Gehen veranlassen. Dazu entweder einen Helfer bitten, von hinten ein wenig nachzutreiben, oder aber eine Gerte in die linke Hand nehmen und mit einer weit nach hinten ausholenden Bewegung das Pferd am hinteren Bauch oder an der Kruppe touchieren. Meist reicht diese kleine Hilfe, um ein wenig mehr „Go” nach vorne zu erreichen. Zieht man dies konsequent durch, wird sich das Pferd auf seinen Menschen konzentrieren und zügig neben ihm hergehen.

Lässt sich das Pferd eher ziehen als führen (links) ...

... nimmt man eine Gerte in die linke Hand und treibt damit von hinten nach (unten links) –

Problem gelöst (unten rechts).

■ **sich das Pferd beim Führen schwer kontrollieren lässt?**

Kritische Situation: Das Pferd tänzelt herum, buckelt, will den Führenden umrunden. Vor allem junge, unerfahrene Pferde, aber auch nervige oder unerzogene lassen manchmal den Eindruck entstehen, dass hier nicht der Mensch das Pferd, sondern das Pferd den Menschen (vor)führt. Da solche Situationen zu einem gefährlichen Kontrollverlust führen können, ist rigoroses Durchgreifen lebenswichtig. Solche Pferde sollten anfangs möglichst auf Trense geführt werden, am besten noch mit Hilfe eines langen Führstricks. Wird mit Halfter geführt, gibt es mehrere Möglichkeiten, um sich „Gehör" zu verschaffen:

a) Führstrick durch den linken seitlichen Halfterring ziehen, durchs Maul führen und von dort im rechten seitlichen Halfterring einhaken. Auf diese Weise wirkt der Strick wie ein Trensengebiss, was der Autorität zugute kommt.
b) Den Führstrick ähnlich wie bei a) einsetzen, jedoch nicht durchs Maul führen, sondern über den Nasenrücken des Pferdes. Der dabei entstehende Druck wirkt ähnlich wie Spezialhalfter (z.B. Dually-Halfter) und verbessert die Kontrolle.
c) Eine Führkette benutzen, die dann entsprechend durchs Maul (nur in absoluten Ausnahmefällen!) oder über den Nasenrücken geführt werden kann. Bei der Kette über den Nasenriemen die Kette einmal um den Nasenriemen des Halfters legen, um eine zu scharfe Einwirkung zu verhindern. Nur in absoluten Notfällen die Kette über den Nasenrücken führen. Oft ist das Führen mit Trense die bessere Alternative.

Die Führkette kann zur Korrektur entweder durchs Maul geführt werden (links) oder über den Nasenrücken (Vorsicht Verletzungsgefahr! Besser einmal über den Nasenriemen legen.)

2.5 Zur Weide führen

Der Gang zur Weide soll entspannt und kontrolliert geschehen.

Wer von Anfang an gelernt hat, sein Pferd richtig zu führen, wird im Allgemeinen keine oder nur wenig Probleme damit haben, es auch kontrolliert zur Weide zu bringen und es dort ohne Zwischenfälle aufs satte Grün zu entlassen. Das klingt eigentlich einfach, ist es aber nicht immer. Denn so manches Pferd kann's gar nicht erwarten, raus in die heiß ersehnte Freiheit zu kommen. Entweder rennt es den Menschen schon beim Öffnen der Boxentür ungestüm über den Haufen oder aber es wird auf dem Weg zur Wiese schnell und schneller, so dass der Führende zum Geführten wird. So lustig, wie dies klingen mag, ist eine solche Situation allerdings nicht, denn sie kann zu schlimmen Unfällen führen. Entweder, wenn sich das Pferd schon auf dem Weg zur Weide hin losreißt, kopflos über die Reitanlage jagt oder sogar auf die Straße rennt und dort verunglückt oder einen Unfall verursacht. Oder, wenn es beim „Loslassen" auf der Weide vor Freude auskeilt und dabei den Menschen gefährdet. All das hat es schon gegeben – inklusive tödlichem Ausgang für Mensch und Pferd.

Auch das liebste Pferd kann – auf der Weide angekommen – vor Übermut und Freude ausschlagen und dabei den Menschen gefährden.

Das „Auf-die-Weide-Führen" (gilt ebenfalls fürs Paddock) sollte also nicht unterschätzt werden. Gewisse Regeln müssen eingehalten und Sicherheitsvorkehrungen getroffen werden. Dazu gehört:

1. Sicheres Führen/Sichführen-Lassen als Grundvoraussetzung!

Auch beim Führen zum Paddock ...

... muss das Pferd erst gewendet werden, ...

... bevor der Strick gelöst ...

... und das Pferd in die „Freiheit" entlassen wird.

2. Einen Führstrick verwenden, bei extrem heftigen Pferden eine Führkette, ein Steiggebiss oder ein Spezialhalfter (Dually-Halfter).

3. Heftige Pferde am besten vor oder hinter einem ruhigen Pferd zur Weide führen. (Die Nähe des anderen kann beruhigend wirken.)

4. Jedes Pferd – sei es auch noch so ruhig und lieb – nach Betreten der Weide erst anhalten und umdrehen, Kopf Richtung Ausgang. Niemals ein Pferd einfach in die Weide hineinlaufen lassen, (dabei ist es schon zu tödlichen Unfällen gekommen).

5. Beim Lösen des Stricks zurücktreten, dabei das Pferd im Auge behalten. (Es könnte immer noch im Überschwang der Begeisterung losbuckeln und auskeilen.)

Was tun, wenn ...

■ **das Pferd auf dem Weg zur Weide seinen Menschen über den Haufen läuft bzw. sich regelmäßig losreißt?**

Häufige und kritische Situationen: „Sobald ich den Weg zur Weide einschlage, gibt es kein Halten mehr." „Wenn ich die Boxentüre zur Weidezeit öffne, rennt mich mein Pferd über den Haufen und stürmt davon." „Der Gang zur Weide kostet mich den letzten Nerv." – Wenn dies die Erfahrungen des Weidegangs sind, ist schon im Vorfeld der Erziehung einiges schief gelaufen. Abhilfe ist dringend notwendig, ansonsten drohen Unfälle. Voraussetzung für gefahrloses „Zur-Weide-Bringen" ist auf jeden Fall zunächst mal kontrolliertes Führen im Alltag. Sollte sich Ihr Pferd in Erwartung auf die Weide trotzdem zu unerwünschtem Verhalten hinreißen lassen, sollten Sie folgendermaßen vorgehen:

1. Tragen Sie sicherheitshalber Handschuhe.
2. Benutzen Sie eine über die Nase führende Führkette oder ein Dually-Halfter.
3. Geben Sie Ihrem Pferd damit bereits vor Verlassen der Box energische Einwirkungen, sprich: Rucken Sie ein-, zweimal am Strick, sobald das Pferd Anstalten macht, Gas zu geben. (Je nach „Drängel-Intensität" des Pferdes sollte diese Einwirkung energisch bis sehr energisch gegeben werden. Vergessen Sie nicht: Ihr Pferd wiegt etwa das Zehnfache von Ihnen – aber das müssen Sie es ja nicht unbedingt wissen lassen ...)
4. Reagiert es auf Ihr Rucken mit Verlangsamung/Abwarten/Konzentration auf den Menschen, loben Sie es sofort (ruhig mit einem Leckerli, das fokussiert seine Konzentration auf Sie).
5. Gehen Sie Schritt für Schritt zur Weide, notfalls mehrfach energisch am Strick ruckend. (Motto: Stop & Go)
6. Drehen Sie Ihr Pferd auf der Weide immer in Richtung Eingang um und belohnen es dann mit einem Leckerli, bevor Sie es loslassen.

Auf diese Weise lernt es, sich auf den Menschen zu konzentrieren, dessen vermeintliche Stärke (Druck aufs Nasenbein) als Überlegenheit zu akzeptieren und in Erwartung der Belohnung abzuwarten statt loszurennen.

2.6 Sicher anbinden

Das Halfter ist drauf, die Box verlassen und – wenn alles geklappt hat – der Vierbeiner am Strick auch brav Richtung Putzplatz gefolgt. Dort soll er angebunden werden. Und auch hier gibt's wieder ein paar Regeln, die unter Sicherheits- und Erziehungsaspekten befolgt werden müssen.

Zunächst zur Sicherheit: Da Pferde (wir erinnern uns ...) Fluchttiere sind, bedeutet „Angebunden-Sein" zunächst einmal eine ziemlich drastische Beschneidung ihres natürlichen Freiheitsdranges. Dass es ihrer Sicherheit und der Dritter dient, wissen sie ja nicht. Kein Wunder also, dass es immer mal wieder Pferde gibt, die nicht angebunden sein wollen. Pech gehabt! Jedes Pferd muss lernen, sich anbinden zu lassen. Denn der unkontrollierte Run auf die benachbarte Straße oder in eine Gruppe Reitanfänger kann schlimmste Folgen haben. Richtig dran gewöhnt, lassen sich aber die meisten Pferde ganz problemlos anbinden. Dabei ist das Wo und Wie ganz wichtig.

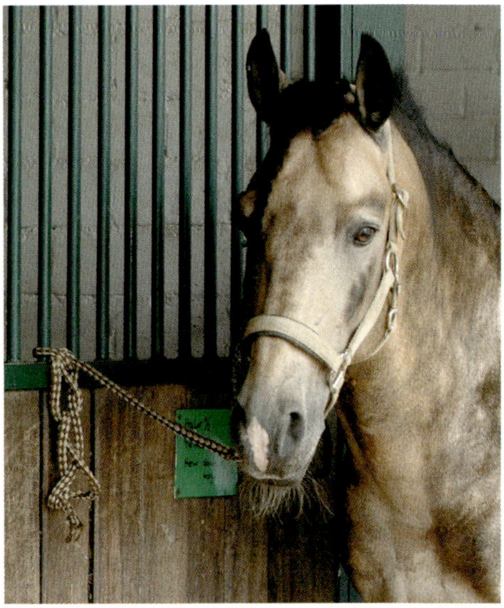

Richtig: Anbinden am festen Teil des Boxengitters.

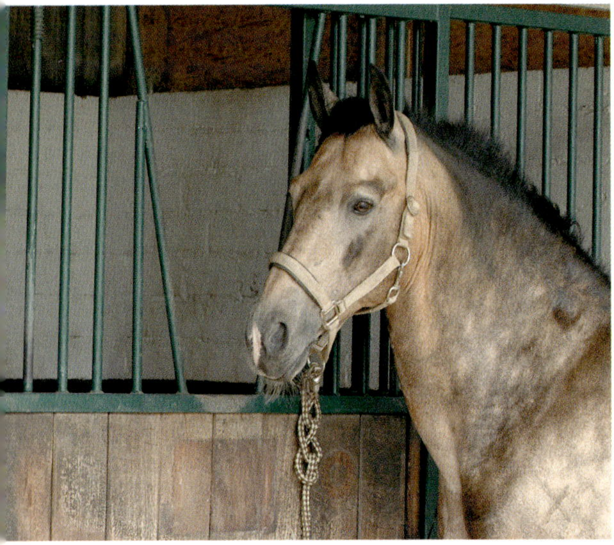

Falsch (und gefährlich!): Anbinden an der Boxentür.

Wo bindet man ein Pferd an? Ausschließlich an wirklich festen, unbeweglichen Stellen. Darunter fallen korrekt in der Wand verankerte Anbinderinge, haltbare Anbindebalken, massive Boxengitter oder auch kräftige Bäume (beim Ausritt). Auf keinen Fall sollten Pferde an wackeligen Zäunen, Fensterrahmen oder – leider sehr beliebt – am Gitter von Boxentüren angebunden werden. Wer einmal ein kräftig ziehendes Pferd eine ganze Tür hat aus der Verankerung reißen sehen, die dann im vollen Galopp panisch durch die Stallgasse gezogen wird, kommt sicher nie wieder auf eine solche Idee.

Ähnlich gefährlich und deshalb absolut verboten (auch wenn's nur für einen Moment ist!) ist das Anbinden des Pferdes mit dem Trensenzügel bzw. mit einem in den Gebissring eingehakten Strick. Denn auch hier drohen im Falle eines plötzlichen Erschreckens oder einer Panikreaktion schlimmste Verletzungen, vor allem im Maul und Kieferbereich. Angebunden wird ein Pferd deshalb ausschließlich mit Halfter und einem Strick.

Wie aber bindet man ein Pferd nun genau an? Nicht zu tief, nicht zu hoch, nicht zu kurz, nicht zu lang – und vor allem so, dass man es notfalls mit einem Griff losmachen kann. Nicht zu tief, weil Pferde, die sich nicht anbinden lassen wollen, dazu neigen, sich nach hinten ins Halfter zu werfen. Je tiefer der Anbindering (Höhe etwa Buggelenk) angebracht ist, desto besser können sich diese Pferde mit allen Vieren abstützen und sich von unten nach hinten-oben mit ungeheurer Kraft ins Halfter stemmen. Dabei reißen früher oder später Strick oder Halfter, oder aber das Pferd verletzt sich – entweder durch den extremen Druck, den das Halfter in dieser Situation auf sein Genick ausübt, oder aber durch Ausrutschen oder gar Überschlagen, falls letztlich die Befestigung doch plötzlich nachgibt.

Hier kommen als Absicherung Panikhaken und Sicherheitsknoten ins Spiel. Der Panikhaken ist eine spezielle Konstruktion, die mit einem kurzen Handgriff gelöst werden kann.
Allerdings sollte der Panikhaken nicht ausgeleiert sein und sich von selber öffnen, denn dann lernt ein Pferd bloß, dass es nur kurz am Strick rucken muss, und schon winkt die Freiheit. Den Sicherheitsknoten lernt (hoffentlich) jeder Reiter schon bei der ersten Begegnung mit einem Pferd (siehe Abb. unten). Er lässt sich durch einen Griff ans herabhängende Strickende leicht lösen. Doch Vorsicht: Beim Anbinden darauf achten, dass während des Knotenschlingens kein Finger zwischen Anbindering und Strick gerät. Reißt das Pferd nämlich genau in diesem Moment seinen Kopf heftig zurück, könnte dies einen Finger kosten. Das Gleiche kann passieren, wenn im Strick irgendwo ein Knoten ist. Also: Nur mit einem „knotenlosen" Strick arbeiten und die eigenen Finger immer gut im Blick haben!

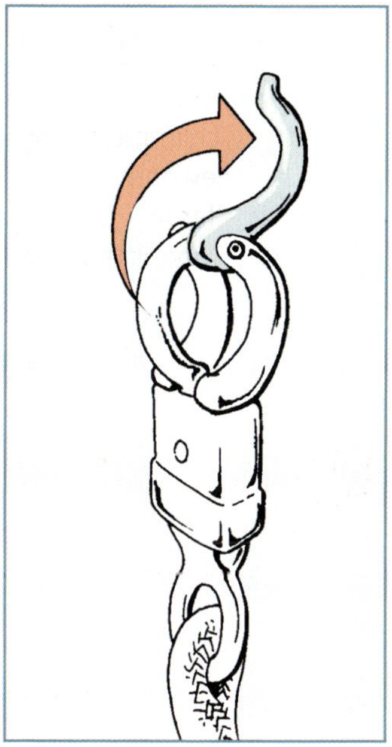

Beim Panikhaken öffnet sich beim Herunterziehen des Mittelstücks ein Teil des Hakens nach oben.

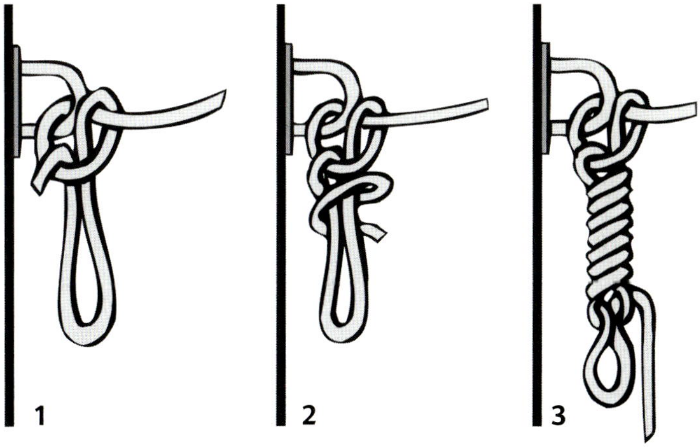

Gut im Blick sollte man auch die Länge haben, mit der ein Pferd angebunden wird. Zu kurzes Anbinden ist Pferden unangenehm, hindert sie am entspannten Stehen und kann Widersetzlichkeit hervorrufen.

Zu lang angebunden dagegen birgt Gefahren, allen voran die, dass sich das Pferd im Strick verheddert, über ihn tritt und in Panik gerät. Die ungefähre Länge zwischen Panikhaken und Anbindevorrichtung sollte bei 60 Zentimetern liegen. Dies erlaubt dem Pferd den notwendigen Freiraum und minimiert die Risiken.

Ist die Möglichkeit gegeben, ist beidseitiges Anbinden empfehlenswert. Dabei werden die Panikhaken nicht im unteren Halfterring, sondern in den beiden unteren seitlichen eingehakt und das Pferd links und rechts angebunden. Dadurch wird verhindert, dass es sich hin und her dreht und herumzappelt.

Neben dem Sicherheitsaskpekt hat das Anbinden immer auch einen Erziehungsaspekt, denn es erfordert Vertrauen zum Menschen und auch Respekt ihm gegenüber. Vertrauen, weil es dem Fluchtinstinkt entgegensteht. Respekt, weil beim „Angebundensein" gewisse „Formalien" vom Pferd eingehalten werden sollten. Scharren, Herumhampeln, am Strick ziehen oder auf ihm herumkauen sollten ebenso im Keim erstickt werden wie stures Auf-der-Stelle-Stehen, statt auf Aufforderung hin auszuweichen. Immerhin werden Pferde im Allgemeinen angebunden, weil sie geputzt, gesattelt, beschlagen, verarztet oder sonstwie

Hier ist das Pferd zu lang angebunden und läuft Gefahr, über den Strick zu treten und sich darin zu verfangen.

gepflegt werden sollen. Hierbei müssen sie von Beginn an lernen, sich auf ihren Menschen zu konzentrieren und seinen „Anweisungen" zu folgen. Auch das hat wieder nichts mit böser „Machtausübung" zu tun, sondern lediglich mit den Erfordernissen des Alltags. Ein Pferd, das dazu erzogen wurde, angebunden ruhig stehen zu bleiben, tut sich in vielen Situationen leichter – manche davon können sogar lebensrettend sein (z.B. Kolikuntersuchung, Erste-Hilfe-Behandlung stark blutender Verletzungen etc.).

Merke!

Jeder, der mit Pferden zu tun hat, sollte die einfachsten Erste-Hilfe-Maßnahmen für Pferde und Menschen kennen und beherrschen.

Unter Erziehung fällt hier auch das angemessene Reagieren des Pferdes auf die Aufforderung des Menschen: „Lass mich vorbei". Gut erzogene, angebundene Pferde treten zur Seite und machen Platz, schlecht erzogene Pferde stehen wie angenagelt und weichen keinen Deut. Gehört Ihr Pferd zur ersten Kategorie, dürfen Sie sich freuen. Sie werden von Ihrem Vierbeiner wahr- und ernst genommen. Er macht Ihnen ebenso Platz, wie er es in der Herde für den Leithengst oder die dominanteste Stute machen würde. Gehört Ihr Pferd dagegen zur zweiten Kategorie, ist bereits einiges schief gelaufen. Es interessiert Ihr Pferd nicht wirklich, was Sie von ihm wollen. Sie werden zunächst einmal ignoriert. Das sollte man nicht auf die leichte Schulter nehmen und sich auch nicht auf fröhliche „Drück-ich-dich-drückst-du-mich"-Spielchen einlassen, sondern sofort, energisch und unmissverständlich klarmachen, dass Sie vorbeiwollen. Buffen Sie Ihrem Pferd dazu ruhig fest mit der Hand oder dem Ellenbogen in die Seite, unterstützt durch eine auffordernde Stimmhilfe (was Sie sagen, ist egal, nur energisch sollte es sein). Dabei sollten Sie anfangs aus Sicherheitsgründen von der Pferdeschulter mit Blickrichtung zur Kruppe aus agieren, später soll das Pferd auch prompt reagieren, wenn Sie sich von hinten nähern und es aus der Entfernung heraus durch Ansprache zum Herumtreten auffordern.

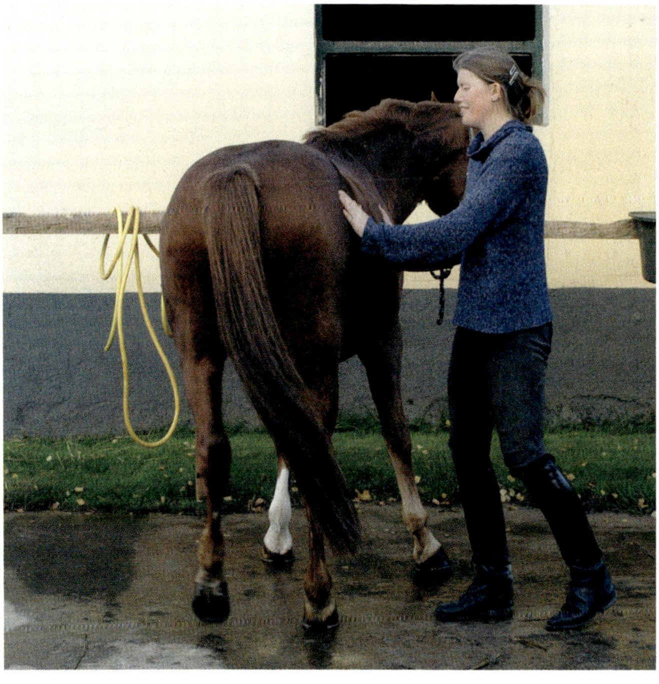

Auf Zuruf oder leichtes Berühren soll das Pferd spontan herumtreten.

Was tun, wenn ...

■ sich das Pferd rückwärts in den Strick wirft?

Häufige Situation: Kaum hat man das Pferd vorschriftsmäßig angebunden, zieht es rückwärts und wirft sich in den Strick, oder aber es steht zunächst brav, um sich dann Minuten später nach hinten zu schmeißen. Dieses Verhalten kann zweierlei Ursachen haben: entweder echte Panik oder aber Aufmüpfigkeit.

Den Unterschied zu erkennen ist nicht immer einfach und erfordert bereits ein gewisses Maß an Erfahrung. Ein in Panik verfallendes Pferd kann sich und alle Umstehenden verletzen, da es seine Umwelt nicht mehr wahrnimmt und sein angeborener Selbstschutz-Mechanismus nicht mehr richtig funktioniert. Solche Pferd haben in der Vergangenheit vermutlich schlechte Erfahrungen gemacht, sich vielleicht mal böse verletzt. Hier ist Ruhe und Geduld angesagt. Am besten nimmt man sich in einem solchen Fall einen Helfer zur Hand, der den Strick zunächst nur durch den Anbindering führt, ihn aber nicht befestigt, sondern nur festhält, während das Pferd geputzt oder gesattelt wird. Auf diese Weise ist ein Nachgeben möglich, das nach und nach durch vorsichtiges Gegenhalten ersetzt werden kann. Reagiert das Pferd darauf entspannt, sollte es gelobt werden, ruhig auch mit Leckerlis. Will man schließlich „richtig" anbinden, kann es sinnvoll sein, zwischen den massiven Strick und den Anbindering eine dünne Kordel, z.B. eine Strohkordel, zu binden. Falls das Pferd doch wieder hektisch wird, reißt die Kordel, bevor das Tier durch zu starken Halfterdruck aufs Genick in Panik verfällt.

Anders ist die Vorgehensweise beim Modell „Frechdachs". Vor allem junge Pferde versuchen anfangs gerne mal, ob sie dem lästigen Angebundensein nicht entkommen können, indem sie kräftig ziehen. In einem solchen Fall sollte man zunächst mit einer energischen Stimmhilfe versuchen, den Vierbeiner wieder auf andere Gedanken zu bringen. Falls das nicht funktiorniert, scheuen Sie sich nicht, ihm von hinten mit einer längeren Gerte (oder einem Besen) eins auf die Hinterhand zu klopfen! Wie immer ist damit keine Prügel gemeint, sondern ein, zwei kurze Schläge – quasi also Vokabeln aus der Pferdsprache. Meist reicht es, sich auf diese Weise einmal, manchmal vielleicht zwei- oder dreimal durchzusetzen, und die Sache ist erledigt, bevor sie zum Problem werden konnte.

WICHTIGER TIPP:
Bei solchen Aktionen immer auf den notwendigen Sicherheitsabstand achten!

2.7 Gut geputzt ist halb erzogen

Auch die Pflege eines Pferdes, das Putzen, hat neben den rein hygienischen vor allem erzieherische und soziale Aspekte. Geputzt werden sollte deshalb so regelmäßig wie möglich, am besten täglich. Dazu ist es sinnvoll, das Pferd auf der Stallgasse bzw. einem Putzplatz anzubinden. Putzen in der Box birgt Gefahren und ist auch nicht besonders effektiv.

Putzen ist mehr als bloße Reinigung; beim Putzen lässt sich die Bindung zwischen Reiter und Pferd stärken.

Ist das Pferd ordnungsgemäß angebunden, wird von vorne nach hinten und von oben nach unten vorgegangen. Das heißt: Beginnend am Hals des Pferdes arbeitet man sich mit dem Striegel mit langen, kreisenden Putzbewegungen und leichtem Druck über den Rücken bis hin zur Kruppe vor, bevor man – nun mit einer weicheren Bürste (Kardätsche) – den aufgekämmten Staub abbürstet und die Beine von oben nach unten säubert. Ist die eine Seite fertig, geht man ums Pferd herum und putzt die andere Seite.

Der Kopf wird anschließend mit einer weichen Bürste oder einem Handtuch oder feuchten Schwamm gepflegt, die Hufe werden ausgekratzt (falls dies nicht schon vor dem Verlassen der Box geschehen ist) und eingefettet.

Natürlich soll das Striegeln und Putzen gründlich durchgeführt werden – allerdings nicht so brachial, dass sich das Pferd dabei unwohl fühlt. Putzen soll vielmehr wie eine Massage sein, bei der die Hautdurchblutung angeregt wird und die Entspannung bringt (man kennt das vom Friseurbesuch ...). Dass das Pferd dabei auch sauber wird, ist ein praktischer Nebeneffekt.
Während Sie mit der einen Hand putzen, sollten Sie die andere Hand ruhig nutzen, Ihr Pferd zu berühren, es also beim Striegeln wie beiläufig zu streicheln. Dies fördert die Entspannung und festigt die Bindung zwischen Ihnen und dem Pferd bereits bei einer so simplen Alltagshandlung wie dem Putzen.

Wichtig ist bei der Pflege auch die Beobachtung des Pferdes – sowohl hinsichtlich seiner Reaktionen, als auch hinsichtlich eventueller versteckter Verletzungen. Wehrt es sich gegen das Gebürstet-Werden? Legt es die Ohren an und versucht zu beißen? Das könnten Hinweise auf schmerzhafte Muskelverspannungen sein. Oder genießt es vielleicht sogar sichtbar die Pflege von Kruppe, Hals oder Rücken? Dann tun Sie Ihrem Pferd ruhig den Gefallen und putzen/massieren Sie da noch ein wenig länger. Nur wer sein Pferd schon vom Boden aus immer gut beobachtet, lernt es mit der Zeit auch richtig kennen. Veränderungen im Verhalten oder am Körper fallen dem so geschulten Auge dann gleich auf. Auf diese Weise lässt sich mancher beginnende Einschuss, manche Sehnenschwellung, schorfige Hautveränderung oder sonstige Auffälligkeit am ehesten bemerken.

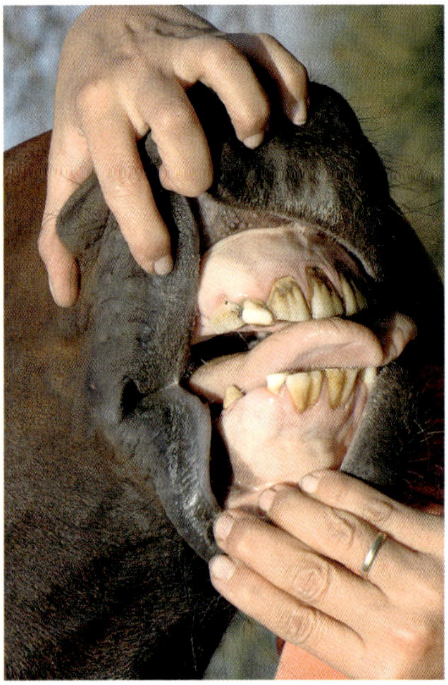

Regelmäßige Kontrolle bringt auch Zahnprobleme zu Tage, wie hier noch vorhandene Milchzahnkappen.

Das Gleiche gilt für das Auskratzen der Hufe. Auch dies sollte täglich geschehen, um den Huf sauber und trocken zu halten und gleichzeitig regelmäßig kontrollieren zu können. Schlecht gepflegte Hufe neigen zum Ausbrechen, Bröckeln oder zum Faulen. Und auch ein noch so kleiner eingetretener Stein kann großen Ärger verursachen.

Zum „Hufeauskratzen" stellt man sich seitlich neben das entsprechende Bein, die Blickrichtung geht nach hinten. Mit der zum Pferd zeigenden Hand fährt man nun am Bein Richtung Huf entlang und übt ein wenig auffordernden Druck auf den Fesselkopf aus.

Was tun, wenn ...

- **das Pferd beim Putzen scharrt und nicht ruhig steht?**
  Ein Pferd sollte beim Putzen ruhig und gelassen stehen. Alles andere ist Zeichen schlechter Erziehung. Sobald es also zu unruhig wird, muss sich der Mensch durchsetzen. Setzen Sie ruhig Stimmhilfen ein, schimpfen Sie also mit dem Pferd. Es wird zwar die Worte nicht verstehen, wohl aber die Betonung. Allerdings bringt alles Geschimpfe nichts, wenn den Worten nicht notfalls auch Taten folgen. Alles andere wäre sonst nicht viel mehr als Blabla fürs Pferd. Ein fester Klaps auf die Kruppe, verbunden mit einem energischen und etwas lauteren „Schluss jetzt" oder „Steh" kann dagegen manchmal Wunder wirken. Gegen Scharren hilft meist ein leichter Tritt gegen die Vorderröhre des scharrenden Beins. Aber Vorsicht: Dies darf nur ganz leicht und genau dosiert geschehen, sonst kann es zu Verletzungen der empfindlichen Pferdebeine kommen. Der „Tritt" – eher ein Trittchen, kaum mehr als ein sanftes Berühren mit dem Fuß – soll lediglich das ungeduldige Scharren fürs Pferd unbequem und unangenehm machen, sonst nichts!

Gut erzogene und erfahrene Pferde heben in diesem Moment ihre Hufe fast freiwillig an und lassen die Pflege zu. Hebt das Pferd sein Bein nicht gleich an, hilft es meist, sich etwas gegen das Pferd zu lehnen, es also ein wenig aus dem Gleichgewicht zu bringen. Der Huf selbst wird mit einem Hufkratzer gesäubert, mit dem man vorsichtig, aber auch kräftig die vom Schmied vorgeschnittene seitliche Strahlfurche auskratzt. Gegebenenfalls kann dann noch mit einer Bürste nachgesäubert und anschließend außen gefettet werden.

Ein Pferd zu putzen und zu pflegen heißt also viel mehr als es nur zu säubern. Es dient der Annäherung, dem Sozialkontakt, der Erziehung und der medizinischen Kontrolle.

**Hand aufs Herz:
Heute schon geputzt ... ?**

Beim Hufeauskratzen sollte man, wie hier, möglichst nah am Pferd stehen.

Was tun, wenn ...

das Pferd die Hufe nicht gibt?

Festgemauert in der Erden steht das Pferd, aus Lehm gebrannt – frei nach Schillers Glocke kann sich der Versuch des Hufeanhebens vor allem bei jungen Pferden schon mal gestalten. Doch es gibt auch ältere, die ihren Menschen mit eisernem Stehvermögen das Leben schwer machen. Hier ist wieder eine Mischung aus Geduld und Konsequenz gefragt. Man sollte neben dem entsprechenden Pferdebein stehen und sein Gewicht gegen das Pferd drücken, je nach Bedarf leicht bis kräftig. Auf diese Weise muss es sein gegenüberliegendes Beinpaar mehr belasten, um nicht aus dem Gleichgewicht zu geraten. In diesem Moment befindet sich weniger Gewicht auf dem Huf, den Sie anheben wollen. Jetzt muss zugegriffen werden.

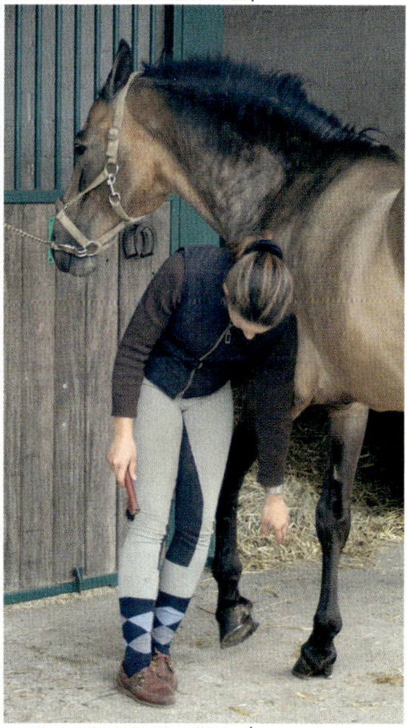

Reagiert das Pferd immer noch nicht wie gewünscht, kann es helfen, zusätzlich noch mit spitzen Fingern ein wenig hinten ans Bein (etwas überm Fesselkopf) zu kneifen. Sobald das Pferd seinen Huf anhebt, ist wieder schnelles Zugreifen gefragt, damit es den Huf nicht sofort wieder absetzen kann. Also: festhalten! Wenn man sich auf diese Weise ein paar Mal durchgesetzt hat, ist die Hufpflege in Zukunft meist kein Problem mehr.

2.8 Richtig satteln und trensen

Sattel drauf, Trense drauf – und ab geht die Post? Theoretisch ja, aber erneut gibt es wieder ein paar kleine Regeln, die es zu beachten gilt. Und auch hier ist Beobachtung ein Teil der vermeintlichen Mystik. Denn an der Art, wie sich ein Pferd satteln und trensen lässt, kann man bereits einiges aussagen über dessen körperlichen und seelischen Zustand und seine Einstellung zum Menschen. Ein rundherum zufriedenes, sprich gut gerittenes, körperlich systematisch aufgebautes, gesundes, psychisch ausgeglichenes und gut erzogenes Pferd lässt sich im Allgemeinen ohne Probleme „fertig machen". Es beißt nicht beim Satteln – weder in seinen Menschen, noch in die Gitterstäbe –, es schlägt nicht unwillig mit dem Schweif, es zappelt nicht herum und es macht auch keinen Katzenbuckel. Letzeres ist ein Zeichen für den so genannten „Sattelzwang", unter denen meist Pferde leiden, die entweder im Hau-Ruck-Verfahren angeritten wurden oder die einmal eine schlechte Erfahrung gemacht haben (zum Beispiel ein nicht richtig festgezurrter Sattel, der beim Aufsteigen unter den Bauch rutschte). Ein zufriedenes Pferd wird sich im Allgemeinen auch ohne Schwierigkeiten willig auftrensen lassen, indem es seinen Kopf senkt und freiwilllig das Gebiss nimmt.

Tja – die Realität sieht allerdings oft anders aus. Da schrammen beim Satteln Pferdezähne das Boxengitter rauf und runter, da bekommt jeder Vorbeigehende einen verärgert schlagenden Schweif ins Gesicht oder man hört eine genervte „Nun-bleib-doch-mal-stehen"-Litanei vom Sattelnden. Während Beißen und Schweifschlagen beim Satteln auf Rückenverspannungen hinweisen können, ist das Herumzappeln meist eine Frage von Respekt und Akzeptanz. Nimmt ein Pferd seinen Menschen nicht richtig ernst, versucht es mit solchen Aktionen, die lästige Sattelei zu verzögen. Richtig spannend wird's dann allerdings erst beim Auftrensen, wenn ein kleiner Mensch vor einem großen Pferd steht, das seinen Hals zur Decke streckt und damit seinen Kopf in schwindelnde und kaum noch zu erreichende Höhen entführt. Was anfangs vielleicht ulkig aussieht, kann auf Dauer zu einem echten Problem werden. Spätestens dann, wenn aus einer ersten Widersetzlichkeit ein einseitiges Spielchen wird, mit dem das Pferd seinen Menschen am ausgestreckten Arm – oder besser Hals – verhungern lässt.

Wer sich das alles gefallen lässt, darf sich nicht wundern, wenn er auch in anderen Situationen wie Führen, Aufsitzen, Verladen und auch Reiten vom Vierbeiner nicht für voll genommen wird.

Wie aber sattelt und trenst man so, dass derartige Dinge nicht passieren? Die Antwort: richtig, konsequent und notfalls energisch.
Richtiges, das heißt regelgerechtes Satteln ist eigentlich nicht schwierig. Man steht mit dem Sattel überm Arm seitlich links vom Pferd mit Blickrichtung zum Pferd hin. Der Sattelgurt liegt dabei so über dem Sattel, dass er das Auflegen auf den Pferderücken nicht behindert, die Steigbügel sind nach oben gezogen. In einer ruhigen Bewegung hebt man nun den Sattel so aufs Pferd, dass er leicht hinter dem Widerrist zu liegen kommt. Von da schiebt man ihn nach hinten in die richtige Position. Die ist

dann erreicht, wenn die oberen Sattelpauschen leicht hinter der oberen Erhebung der Pferdeschulter liegen. Das „In-Position-Zurückschieben“ ist wichtig, um mit der Haarwuchsrichtung zu gehen. Würde man den Sattel von hinten nach vorn gegen die Haarwuchsrichtung schieben, kann dies Haarwurzelentzündungen und Druckstellen verursachen. Aus dem gleichen Grund muss die Sattelunterlage (Satteldecke, Schabracke) glatt und ohne Falten auf dem Pferd liegen, lediglich im Bereich des Vorderzwiesels überm Widerist sollte sie mit einem Handgriff nach oben in die Sattelkammer gezogen werden, damit sie dort nicht aufliegt und scheuert. Liegt der Sattel auf dem Pferderücken, geht man möglichst von vorn ums Pferd herum und kontrolliert, ob auch auf der anderen Seite alles richtig sitzt und lässt erst dann den Gurt herunter. Vorsicht: Langgurte nicht einfach runterfallen lassen, die Gurtschnallen könnten gegen die empfindlichen Pferdebeine schlagen und Verletzungen hervorrufen.

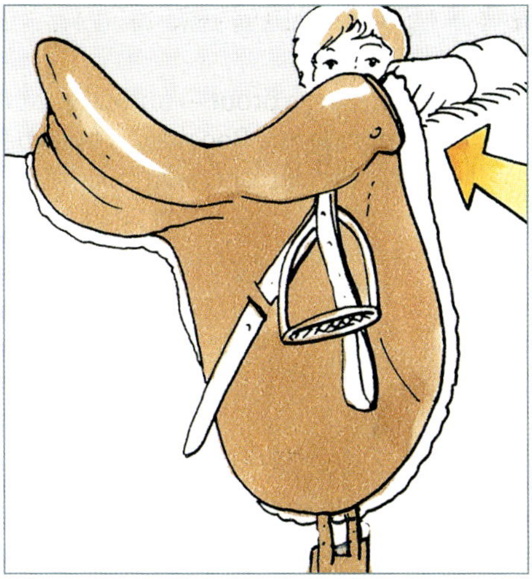

Der Sattel wird nach dem Auflegen leicht von vorn nach hinten geschoben, anschließend die Unterlage in die Kammer hochgezogen.

Erst wenn der Sattel an der richtigen Stelle liegt, wird der Gurt auf der linken Seite des Pferdes geschlossen. Dabei soll etwa eine Handbreit Platz zwischen Ellenbogenhöcker des Pferdes und Gurt bleiben.
Um Sattelzwang erst gar nicht entstehen zu lassen, sollte man zunächst auch nur ganz leicht und ohne Kraft anziehen. Auf diese Weise kann sich das Pferd ein paar Atemzüge lang an den Druck auf Rücken und Bauch gewöhnen. Richtig angegurtet wird erst vor dem Aufsteigen und, ein weiteres Mal, nach einigen Minuten des Reitens.

Konsequenz beim Satteln heißt nichts anderes als: Das Pferd soll ruhig stehen und sich die Sattelprozedur entspannt gefallen lassen. Herumhampeln, Scharren oder sonstiges Gequengel sollte sofort unterbunden werden. Notfalls eben mit einem energischen Klaps.

Die Sache mit dem Auftrensen gestaltet sich da manchmal schon ein wenig komplizierter, zumindest für Ungeübte. Korrekt, weil am effektivsten, ist es, zum Auftrensen auf der linken Seite des Pferdekopfes mit Blickrichtung nach vorn zu stehen, die Trense dabei in beiden Händen. Als Erstes legt man dem Pferd nach Lösen des Strickes vom Halfter die Zügel wie ein Lasso über den Hals. Auf diese Weise hat man zumindest eine geringe Einflussmöglichkeit für den Fall, dass sich der Vierbeiner – nun nicht mehr angebunden – davonmachen möchte. So gesichert zieht man erst das Halfter ab und nimmt die Trense in die rechte Hand. Die rechte Hand führt man nun unter dem Pferdehals durch auf die rechte Seite des Pferdekopfes und hält dem Pferd mit der linken Hand das Trensengebiss vors Maul, während die rechte Hand ein wenig auf den Nasenrücken drückt und den Pferdekopf in Position hält. Manche Pferde sind so konditioniert, dass sie freiwillig das Gebiss aufnehmen. Andere muss man etwas „überreden", indem man ihnen mit dem Daumen der linken Hand ein wenig in die Maulspalte greift. Normalerweise öffnen Pferde dann kauend das Maul, so dass man das Gebiss hineinschieben kann. Im gleichen Augenblick zieht man mit der rechten Hand das Genickstück über die Pferdeohren – schon ist die Trense drauf. Nun werden noch Kehl- und Nasenriemen geschlossen, fertig.

So sieht korrektes Auftrensen aus (Foto 1 bis 5). Falls das Pferd das Maul nur zögerlich öffnet, greift man mit dem Daumen ein wenig in die Maulspalte (siehe kleines Foto).

Was tun, wenn ...

■ **das Pferd beim Auftrensen seinen Kopf nach oben wegzieht?**

Auch dieses Problem kann mehrere Ursachen haben, die unterschiedliche Lösungen erfordern.

1. Es gibt Pferde, die kopfscheu oder sehr empfindlich an den Ohren sind. Wurden sie nicht in Ruhe ans Aufhalftern/Auftrensen gewöhnt, kann sich ihre Abneigung dagegen manifestieren. Hier ist also wieder Grundlagenarbeit gefragt. Das Pferd muss auf der einen Seite Vertrauen bekommen und sich am Kopf anfassen lassen, zum anderen muss es auf Kommando seinen Kopf senken. Das Vertrauen erreicht man am besten durch intensive Beschäftigung mit dem Pferd, durch viel Berührung am ganzen Körper, wobei sich die streichelnde Hand immer mehr und immer öfter Richtung Ganaschen und Kopf bewegt. Auch das Füttern einer Möhre, die man ein wenig tiefer anreicht und Stück für Stück abbeißen lässt, während man mit der anderen Hand den Kopf berührt, streichelt und krault, kann Vertrauen und Entspannung bringen. Ist man so weit gekommen, kann man auch die rechte Hand aufs Genick des Pferdes legen und mit Daumen und Fingern ein wenig Druck (nicht zu viel, sonst gibt es nur Gegendruck!) rechts und links auf den Hals ausüben. Senkt das Pferd auf dieses Zeichen hin den Kopf, sollte es jedes Mal belohnt werden. Ist man soweit gekommen, wird das Aufhalftern/Auftrensen meist keine Schwierigkeiten mehr bereiten.
2. Anders kann es da schon bei den Pferden sein, die durch das Kopfwegziehen die Rollenverteilung in Frage stellen wollen. Meist versuchen junge Pferde oder dominante ältere Pferde im Umgang mit unerfahrenen Menschen auf diese Weise ihr Glück. Reagiert man in einer solchen Situation nicht konsequent und geschickt, kann das Auftrensen zur täglichen Herausforderung werden. Wichtig auch hier: Sich nicht aus der Ruhe bringen, aber auch nicht auf die Schippe nehmen lassen. Marschiert Ihr Pferd beim Auftrensen mit hoch erhobenem Kopf rückwärts, halten Sie seinen Nasenrücken eisern mit der rechten Hand umfasst und gehen Sie einfach mit rückwärts. Ihr Pferd wird schon wieder anhalten. Sobald dies geschieht, ziehen Sie ihm die Trense über den Kopf und loben es. Sollten Sie klein gewachsen und Ihr Pferd extrem groß sein, bitten Sie jemand, Ihnen zu helfen – und zwar so lange, bis das Pferd den Versuch aufgibt, den Menschen zu dominieren. Ist kein Helfer zur Hand, stellen Sie sich beim Auftrensen notfalls eine Zeit lang auf einen Hocker. Wichtig ist allein, dass Ihr Pferd akzeptiert, dass es dem Auftrensen nicht entkommen kann. Darüber hinaus kann man auch hier durch Berührung und leichten Druck aufs Genick immer wieder das Absenken des Kopfes üben.

2.9 Longieren

Auch wenn es im Rahmen der klassisch-sportlichen Ausbildungsarbeit eigentlich eine ganz eigene Kunst ist und die Vollendung viel Erfahrung voraussetzt, so gehört das Longieren doch auch zum allgemeinen Handling vom Boden aus und soll deshalb hier angesprochen werden. Denn erstens ist es immer eine gute Alternative bzw. Ergänzung zum Reiten, zweitens wollen gerade unerfahrenere Pferdeleute ihren Vierbeiner vor dem Aufsitzen aus Sicherheitsgründen gerne erst ein paar Runden an der Longe gehen lassen, bevor sie aufsteigen. Und drittens kann – ganz wichtig! – durch richtiges Longieren bereits ein bedeutender Teil Erziehungsarbeit vom Boden aus geleistet werden.

Longieren kann man aus verschiedenen Gründen:

1. Als eine gute Vorbereitung aufs Anreiten.
2. Als Teil der Bodenarbeit.
3. Als sinnvolle Alternative zum Reiten bei gerade angerittenen Pferden, da sich hiermit einerseits der Bewegungsdrang des Pferdes stillen, andererseits aber auch seine Ausdauer und Kraft ohne das anfangs noch schwer wiegende Reitergewicht verbessern lässt.
4. Als gute Abwechslung in der täglichen Arbeit.
5. Als Aufwärmphase vor dem Reiten.
6. Zur Förderung der Losgelassenheit, gerade bei spannigen Pferden.

Longiert wird am besten auf einem umzäunten Longierplatz bzw. Roundpen. Dabei sollte das Pferd ausgebunden und wenn möglich auch gesattelt sein.

7. Zur Verbesserung der Arbeit „über den Rücken".
8. In Rekonvaleszens-Phasen (z.B. Verletzungen/Aufschürfungen in der Sattellage, bei Muskelverspannungen etc.)

Wer richtig, also korrekt und sinnvoll longieren will, sollte allerdings ein paar Dinge beherzigen. Das beginnt mit der richtigen Ausrüstung, geht über den passenden Longierplatz bis hin zur effektiven Körpersprache.

Die Ausrüstung: Zum Longieren braucht man eine Longe (mindestens 7 bis 8 m), Trense, Sattel oder Longiergurt, Ausbinder oder Dreieckszügel sowie eine Longierpeitsche (4 – 8 m lang, inkl. Schlag).

Ein zum Longieren korrekt fertig gemachtes Pferd, diesmal mit Longiergurt und Dreieckszügeln. Das Anlegen von Bandagen oder Gamaschen wäre hier noch zu empfehlen.

Der Longierplatz: Am besten eignet sich ein eingezäunter Platz wie eine Longierhalle oder ein Longierplatz bzw. ein Roundpen. Longiert man auf einem Platz ohne äußere Umgrenzung, ist es vor allem für junge Pferde hilfreich, mit Cavaletti oder Ähnlichem eine äußere Begrenzung zu schaffen. Das erleichtert das Longieren ungemein und verhindert nach außen wegstürmende Pferde, die den Longierer wie beim Skijöring hinter sich herziehen.

Die Körpersprache: Sie beginnt eigentlich immer schon in dem Moment, in dem man sein Pferd aus der Box holt, und endet erst wieder, wenn man den Stall verlässt. Das heißt: Kommuniziert (nicht geplappert) wird so lange, wie man mit dem Pferd umgeht. Wer das beherzigt und auch beherrscht und dabei seine Position zum Pferd in jeder Minute klarstellt, wird meist auch ohne größere Probleme longieren können.

Nachdem man nun gemeinsam mit dem zum Longieren vorbereiteten Pferd den Longierzirkel betreten hat, sollte man zunächst in den Zirkelmittelpunkt gehen und dort samt Pferd anhalten. Ruhig und ohne Hektik bindet man das Pferd nun auf beiden Seiten aus.

Zum Longieren werden die Ausbinder auf beiden Seiten in die Trensenringe eingehakt.

Am besten ist es, wenn man dazu schon zuvor die Ausbinder/Dreieckszügel in etwa vorbereitet hat. Eingehängt bzw. durchgezogen werden die Haken des Ausbinders bzw. der Riemen des Dreieckszügels in/an den Gebissringen unterhalb der Zügel. Letztere können übrigens auf verschiedene Art und Weise verschnallt und somit „aus dem Weg" gebracht werden: Entweder wickelt man sie unterm Pferdehals umeinander und befestigt sie mit dem Kehlriemen; oder man öffnet die Zügelschnalle, schlägt die Zügelenden einmal um den Hals und schließt die Schnalle wieder; wer längere Zeit ausschließlich longieren möchte, kann die Zügel auch vorübergehend ganz ausschnallen.

Zum Longieren kann der Trensenzügel ineinander verdreht und mit dem Kehlriemen fixiert werden, oder ...

... geöffnet, um den Hals geschlungen und wieder geschlossen werden. Auch auf diese Weise wird ein Heruntergleiten und Hineintreten verhindert.

Die Ausbinderlänge richtet sich dabei nach der Größe und auch dem Ausbildungsstand des Pferdes sowie der Gangart. Große Pferde müssen entsprechend länger ausgebunden werden, unaufgewärmte und jüngere Pferde ebenfalls. Denn Pferde brauchen ihren Hals als Balancierstange. Zu eng eingestellt, würde man dem Pferd dieses Instrument nehmen und es damit an der freien Bewegung hindern. Zu langes Ausbinden bringt allerdings auch nichts. Im Gegenteil. Manche Pferde neigen nämlich dazu, mit hocherhobenem Kopf um den Longierer herumzurennen. Dadurch verspannen sie erstens ihre Rückenmuskulatur, was auf Dauer zu noch größeren Problemen führen kann. Zum anderen kommen sie auf der Zirkellinie nicht ins Gleichgewicht und laufen stattdessen über eine Schulter. Dies führt zu einseitigen Belastungen des Sehnen- und Bänderapparates und kann dauerhafte Schäden verursachen. Ein unausgebundenes oder zu lang ausgebundenes Herumgerase oder Gescheuche im Longierzirkel oder Roundpen ist gesundheitlich also eher schädlich als nützlich!

Merke!

Zum Longieren sollte ein Pferd immer bandagiert oder mit Gamaschen versehen werden. Das schützt vor Anschlagen der empfindlichen Pferdebeine.

Was tun, wenn …

- **das Pferd an der Longe unkontrolliert losrennt?**
  In diesem Fall sollte man unbedingt versuchen, das Pferd zu stoppen und es erst einmal wieder zu beruhigen. Zwar wird es irgendwann vermutlich müde und spätestens dann von selber langsamer, doch kann bis dahin allerhand passieren. Sehnen, Bänder und Gelenke eines Pferdes sind für hohe Geschwindigkeiten auf einem realtiv engen Zirkel (und ein solcher ist ein Longierplatz bzw. ein Roundpen) nicht gedacht. Die auf den Bewegungsapparat wirkenden Fliehkräfte bei großem Tempo sind – vor allem angesichts des Gewichts eines Pferdes – enorm und ihre negative Wirkung nicht zu unterschätzen. Akute Verletzungen und bleibende Schäden können die Folge sein. Lässt sich ein Pferd durch Stimmhilfen, leichte Longenhilfen (ähnlich halben Paraden) und Senken (bzw. im äußersten Notfall Fallenlassen) der Peitsche nicht verlangsamen, muss man schon mal energisch und kraftvoll an der Longe rucken und damit aufs Gebiss einwirken. Hilft auch das nicht mehr, kann man versuchen, vermehrt vor das Pferd zu gelangen, also den Winkel zwischen Longe und Pferd zu vergrößern. Da man sich dabei dem Pferd vor dem Kopf nähert, schneidet man ihm quasi den Weg ab. Eine solche Aktion erfordert allerdings viel Erfahrung, weil sie – falsch ausgeführt – auch weitere Schwierigkeiten hervorrufen kann. So könnte es passieren, dass das Pferd, unter Druck gesetzt, noch mehr stürmt. Oder aber es könnte plötzlich umdrehen und in Gegenrichtung weiterrasen, diesmal mit der Longe an der falschen Seite. Unerfahrene sollten solch schwierige Pferde am besten in die Hand eines erfahrenen Horseman geben – zumindest, bis die gröbsten Probleme gelöst sind.

Das Pferd ist korrekt ausgebunden, wenn es bei leicht anstehendem Ausbinder mit der Stirn weder zu weit vor die Senkrechte kann, noch hinter ihr mit engem, aufgerollten Hals verharrt.

Am besten ist es, sich nach dem Ausbinden vors Pferd zu stellen, die Gebissringe mit beiden Händen zu fassen und den Kopf des Pferdes ein wenig anzuheben. Kommt seine Stirnlinie problemlos in die Senkrechte, ist die Länge der Ausbinder/Dreieckszügel richtig.

Hebt sich das Pferd zu weit raus, ist es zu lang ausgebunden, rollt es seinen Hals auf, zu kurz. Richtig eingehängt, verläuft der Ausbinder/Dreieckszügel außerdem vom Gurt etwa in Höhe des Buggelenks zum Pferdemaul. Die Länge der Verschnallung variiert außerdem je nach Gangart und Versammlungsgrad. Im Schritt muss länger verschnallt werden, im Trab und Galopp kürzer, bei versammelter Arbeit ebenfalls.

Die Longierpeitsche wird während des Einrichtens mit dem langen Ende nach hinten zeigend unterm Arm festgeklemmt. Während der ganzen Zeit sollte die Longe bereits im inneren Gebissring unterhalb von Zügel und Ausbinder eingehängt sein, und zwar so, dass der ungebrauchte Leinenteil in losen, etwa 30 Zentimeter großen Schlaufen in einer Hand liegt und sich durch Öffnen der Hand leicht, das heißt knotenlos, verlängern lässt.

Falsch

Richtig

Schlimmer geht's nimmer! Sporen an den Füßen, Longensalat in der Hand und um die Beine – dies sind gefährliche Situationen.

Richtig ist es, die Longe geordnet in Schlaufen in die Hand zu legen und gleichmäßig herabhängen zu lassen.

Ist nun alles vorbereitet, tritt der Longierer vom Pferd weg zurück und lässt es nach vorne antreten. Damit es sich in diesem Moment nicht gleich umdreht, rückwärts rennt oder dem Menschen zur Zirkelmitte folgt, ist es sinnvoll, zunächst etwas in Richtung Hinterhand zurückzuweichen. Dadurch erreicht man einen besseren vorwärts treibenden Effekt. Folgt das Pferd den Anweisungen, tritt es auf einer Zirkellinie um den Longierenden herum, während er im Mittelpunkt steht und das Pferd quasi mit Longe (am Gebiss befestigt) und Loniger-peitsche (etwa in Höhe Sprunggelenk zeigend) einfasst. Am besten stellt man sich ein Tortenstück vor, bei dem das Pferd der äußere Tortenrand ist, man selbst der innere Bereich, der Kern, während Longe und Peitsche die Tortenseiten darstellen. Solange man nun genau im Mittelpunkt dieser „Torte" bleibt, ist der Abstand zum Pferdekopf genauso groß wie zur Hinterhand.
Verschiebt man den Mittelpunkt nach links oder rechts, verkürzt bzw. verlängert er sich, man ist also mal mehr vor, mal mehr hinter dem Pferd.

Auf diese Weise lässt sich allein durch einfachen Körpereinsatz jedes Pferd ein wenig „abbremsen" oder aber antreiben.

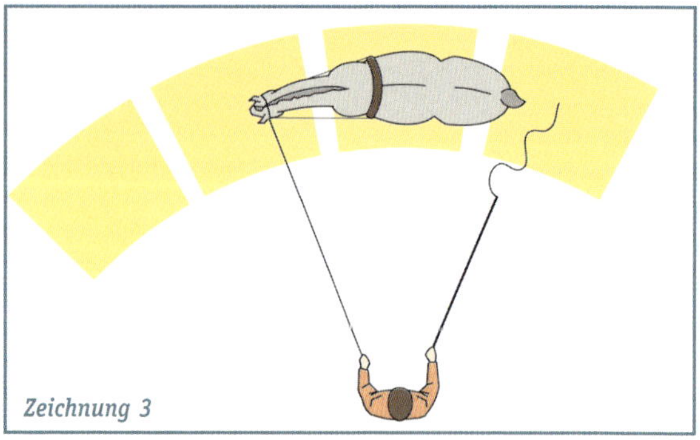
Zeichnung 3

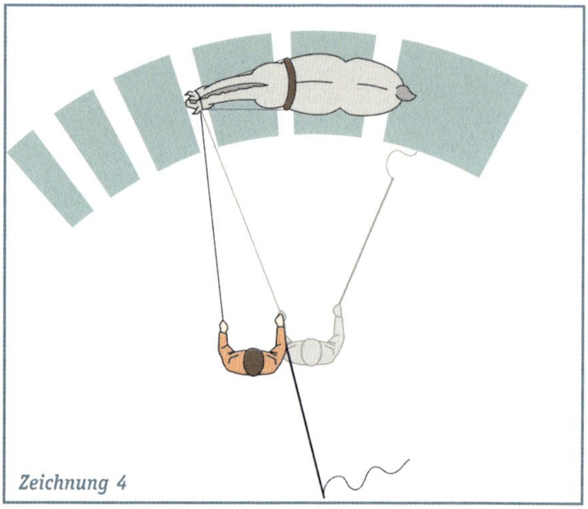
Zeichnung 4

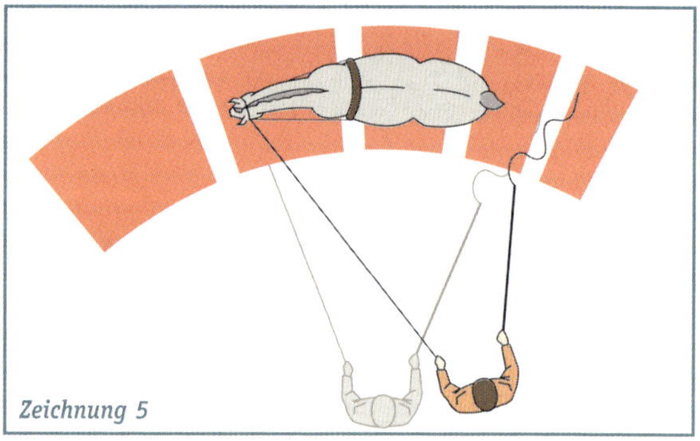
Zeichnung 5

Longier-Positionen nach dem „Tortenstück"-Prinzip: Oben die normale Haltung, in der Mitte die Positionsveränderung „Verlangsamung", unten „vorwärts treiben".

Wichtig beim Antretenlassen ist auch, die Kontrolle zu behalten. Manche Pferde neigen zum sofortigen Davonstürmen und Losbuckeln. Dies sollten Sie auf jeden Fall durch einen kräftigen Ruck an der Longe sofort unterbinden. Ihr Pferd muss unbedingt lernen, auf Sie und Ihre Hilfengebung zu warten. Andernfalls drohen Ihnen und auch dem herumtobenden Vierbeiner ernsthafte Verletzungen.

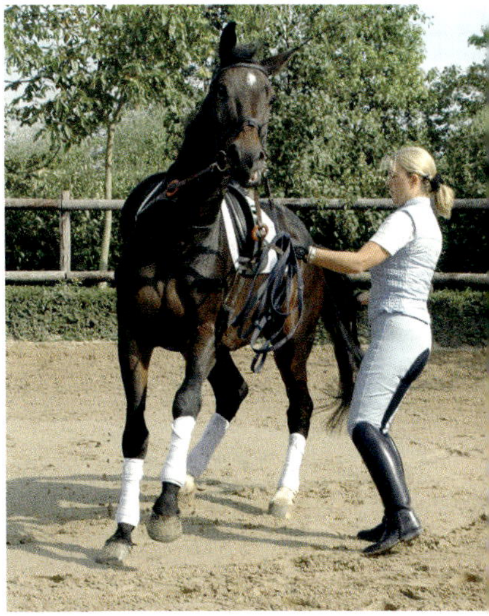

Gerade junge Pferde neigen oft dazu, bein Antreten davon zu stürmen (links). Dies sollte sofort mit einem energischen Ruck am Zügel unterbunden werden (rechts).

Je besser ein Pferd an der Longe bereits ausgebildet ist, desto geringer und dosierter muss man jegliche Art von Körpersprache überhaupt einsetzen. Hier reichen Stimm- und Zügelhilfen (über die Longe) sowie minimaler Peitscheneinsatz (meist nur ein leichtes Anheben oder Senken der Peitsche) meist vollkommen aus, um Tempo und Gangartenwechsel zu regulieren. Im Optimalfall dreht sich der Longierer um seine eigene Achse, wandert mit einem Fuß um den sich drehenden anderen Fuß herum.

Im Reitstall-Alltag sieht das jedoch oft anders aus. Hin und wieder stellt sich die Frage, wer nach getaner Longenarbeit mehr Bewegung hatte: der Mensch oder das Pferd? Auch Longieren ist, wie fast alle Tätigkeiten mit und rund ums Pferd, eine Sache von Erziehung und Akzeptanz. Es gibt schlaue Vierbeiner, die sich von Mensch A problemlos longieren lassen und auf die kleinste Hilfe reagieren, als ob sie kein Wässerchen trüben könnten. Die aber Mensch B regelrecht verhungern lassen und entweder sofort Vollgas geben und den Longierer kreuz und quer über den Platz ziehen. Oder die sich gar nicht vorwärts bewegen und sich stattdessen gemeinsam mit dem Longierer (oder besser „Longier-Versucher") fröhlich und beharrlich auf der Stelle im Kreise drehen in einer Art souveräne „Manndeckung", an der jeder Bundesligatrainer seine helle Freude hätte.

Merke!

Wer seine Longiertechnik verbessern möchte, kann die FN-Longierabzeichen machen.

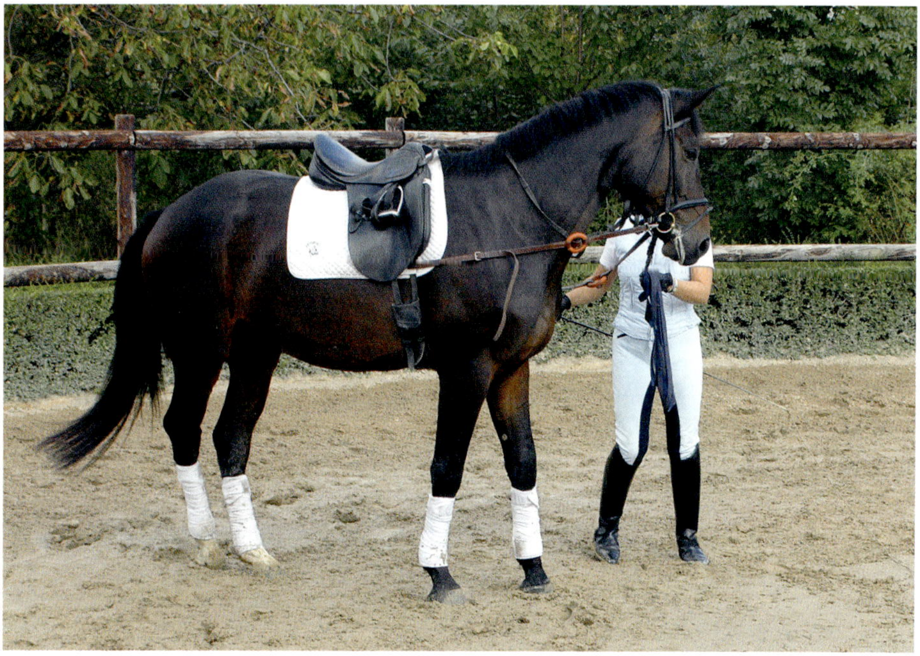

Falsches Körpersignal: Der Longierer steht beim Antretenlassen zu weit vor dem Pferd, das sich deshalb nur um seine eigene Achse dreht.

In solchen Fällen stimmt etwas mit der Körpersprache nicht. Meist sind die Signale falsch oder nicht eindeutig. Bereits eine etwas verschobene Position zum Pferd kann ungewollte Folgen haben. Besonders nutzen dies natürlich junge und bisher nicht longierte Pferde aus. Steht der Mensch beim Antretenlassen auch nur einige Zentimeter zu weit Richtung Pferdekopf, kann es schon passieren, dass sich das Pferd dreht, statt vom Menschen wegzugehen. Steht der Longierer dagegen zu weit Richtung Hinterhand, ist das auch nicht ganz korrekt. Denn hier droht immer die Gefahr eines auskeilenden Hinterhufs. Die genaue Positionierung des eigenen Körpers ist gerade beim Longieren äußerst wichtig.

Wie dies in Perfektion aussehen kann, beweist die Arbeit des Gangpferdespezialisten Walter Feldmann, der mit einer speziellen Longier-Technik als Vorbereitung und Ergänzung zur Bodenarbeit (unausgebunden) allein durch die richtige Körpersprache die Pferde antreibt, aus dem Galopp zum spontanen Halt bringt, sie flüssig wenden lässt, Achten abfragt und sie – nur auf Halfter und mit nur einer Longe – auf der Zirkellinie zum Übertreten bringt.

Nun muss man nicht gleich unbedingt so tief in diese spezielle Art der Longenarbeit einsteigen, um erzieherische Erfolge im Alltag zu verbuchen. Trotzdem ist es aber auch für das „klassische" Longieren immens wichtig, das Pferd an der Longe zu beschäftigen und mit kleinen Kommandos und Hilfen zu schulen, zu motivieren und zu sensibilisieren, statt es nur stupide im Kreis herumlaufen zu lassen.

Kommandos werden im Allgemeinen mit der Stimme und mit Hilfe von Schnalzlauten gegeben. Gängig sind hier natürlich die Aufforderungen, eine bestimmte Gangart einzunehmen. An und für sich ist es egal, mit welchen Worten man dies erreicht, sinnvoll (und auch logisch) sind natürlich die Bezeichnungen der Grundgangarten und das Wort „Halt". Rein theoretisch könnten Sie Ihr Pferd aber auch auf alle möglichen anderen Worte konditionieren. Wie wär's mit Städtenamen? Goch, Unna, Berlin zum Beispiel. Nicht das Was, sondern das Wie ist wichtig. Je nach Art der Betonung lässt sich ein Pferd über gleich bleibende Stimmhilfen antreiben, verlangsamen, durchparieren oder anhalten. Allerdings: Es könnte Ihnen jemand zuhören. Deshalb sollte man vielleicht doch besser bei Schritt, Trab und Galopp bleiben, statt seinem Vierbeiner Goch, Unna und Berlin zuzurufen ...

Die unterschiedlichen Betonungen ein und desselben Wortes könnten folgendermaßen aussehen:

Scheeeeritt –
lang gezogen mit Betonung auf dem E und am Ende ausklingend:
Verlangsamung/ Aufforderung zum Gangartenwechsel in den Schritt

Teeeeerab –
lang gezogen mit Betonung auf dem E und am Ende ausklingend:
Verlangsamung/ Aufforderung zum Wechsel vom Galopp in den Trab

Teerabbb –
leicht gezogenes E vor kurzer und prägnant ansteigender betonter Endsilbe:
Aufforderung zum Antraben

Gaaaaalopp –
lang gezogen mit Betonung auf dem A, am Ende jedoch prägnant betont:
Aufforderung zum Angaloppieren

Haaaalt –
lang gezogen mit Betonung auf dem A: Aufforderung zum Anhalten

Hilfen lassen sich über die Longe aufs Gebiss und mittels der Longierpeitsche und der Körpersprache geben.

Mit der Longe führenden Hand kann man paradenähnliche Einwirkungen setzen, mit der Longierpeitsche treiben (durch leichtes Anheben, durch eine Ausholbewegung oder ausnahmsweise durch hörbares „Knallen" oder durch leichtes Touchieren) und auch Tempo herausnehmen (durch Senken der Longierpeitsche).

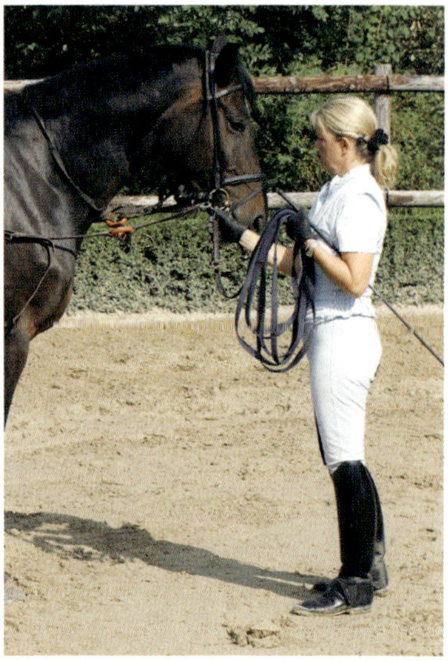

Richtige Einwirkung geht nur mit einer guten Longenhaltung. Deshalb beim Handwechsel übers Halten die Longe schon bei der Annäherung ans Pferd in der entsprechenden Hand (hier die linke) wieder ordentlich aufnehmen.

Sämtliche Kommandos sollten anfangs nur in Verbindung mit Hilfen (bei entsprechend eindeutiger Körpersprache) gegeben werden, damit das Pferd sie besser versteht. Ein an der Longe gut ausgebildetes Pferd reagiert später allein auf leichte Stimmhilfen und lässt sich so beliebig in den wechselnden Grundgangarten arbeiten, durchparieren, anhalten und sogar rückwärts richten.

Was tun, wenn ...

- **das Pferd beim Antretenlassen am Longierer kleben bleibt?**
  Häufige Situation: Der Longierer dreht sich, das Pferd neben ihm auch. Es ist einfach nicht wegzubekommen. Ist es wohl! Bleiben Sie möglichst dicht am Pferd und bewegen sich hinter die Pferdeschulter Richtung Kruppe. Legen Sie die Longierpeitsche dabei an der Hinterhand an, etwa Höhe Sprunggelenk oder etwas darüber. Mit der Peitsche touchieren Sie das Pferd nun, treiben es also nach vorne.

So ist es richtig: Der Longierer geht vom Pferd weg Richtung Hinterhand ...

In dem Moment, in dem es reagiert und vortritt, müssen Sie bereits wieder ein Stück weiter nach hinten, diesmal aber auch weiter weg vom Pferd gehen. Auf diese Weise „bauen" Sie also ein „Tortenstück". Je energischer Sie touchieren müssen, desto zügiger müssen Sie vom Pferd weg Richtung „Tortenzentrum" kommen.

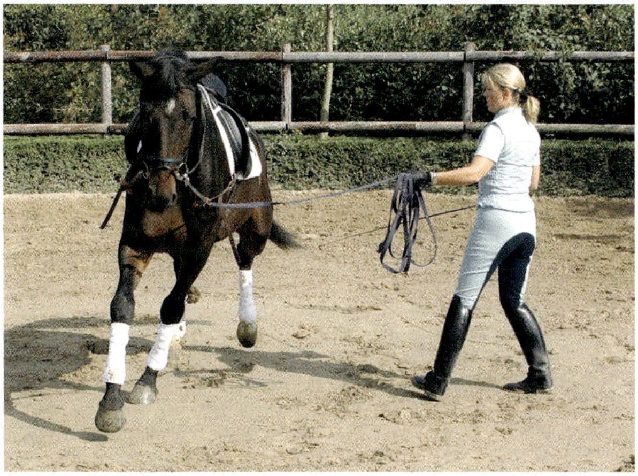

... und treibt es gleichzeitig mit der Longierpeitsche nach vorn von sich weg.

■ sich das Pferd beim Rundlaufen plötzlich umdrehen will?

Häufige Situation: Man wähnt sich im sicheren Longieren und schwupps, blickt einen der Vierbeiner frontal an oder steht bereits in Gegenrichtung. Wenn das passiert, hat man ein noch unerfahrenes oder bereits sehr ausgeschlafenes Pferd, das auf kleinste Unachtsamkeiten des Longierers reagiert. Hier war für einen Moment die menschliche Körperposition zum Pferd nicht optimal. Verhindern lassen sich solche Probleme nur durch höchste Konzentration beim Longieren. Lassen Sie Ihr Pferd also nicht nur „einfach so" im Kreis herumlaufen, sondern beobachten und arbeiten Sie es. Hat sich das Pferd aber nun schon mal gedreht, muss man entsprechend reagieren. Steht es bereits in Gegenrichtung, ist Ruhe das Mittel der Wahl, da die Longe ja nun auf der Außenseite hängt. Um Panik zu vermeiden, muss man versuchen, das Pferd mit Stimmhilfen anzuhalten, langsam auf es zuzugehen und es wieder in die gewünschte Richtung zu drehen. Hat es dagegen nur gebremst und schaut den Longierer an, sollte man ruhig versuchen, es durch schnellen Körpereinsatz wieder in die richtige Richtung zu treiben. Ansonsten könnte sich aus dem Stoppen und Anstarren ein lästiges Spielchen entwickeln. Schneller Körpereinsatz heißt in dem Fall: zügig versuchen, wieder schräg hinters Pferd zu gelangen und dabei die Longierpeitsche als verlängerten Arm ebenfalls hinters Pferd zu bringen und es so energisch vorwärts zu treiben. Viele Pferde reagieren darauf mit einem verdutzten Satz nach vorn, unterlassen dann aber früher oder später das aufmüpfige „Ich-dreh-mich-mal"-Spielchen.

2.10 Verladen ohne Stress

Eigentlich ist das Thema „Verladen" derart umfangreich, dass man darüber ganze Bücher schreiben könnte (was schlaue Zeitgenossen auch bereits getan haben). Trotzdem soll hier auch dem Verladen, seinen Besonderheiten und seinen möglichen Schwierigkeiten ein Abschnitt gewidmet werden, da es eine der ganz typischen Boden-Aktivitäten mit dem Pferd darstellt, die in großem Umfang abhängig ist vom Rollenverhältnis Mensch-Pferd.

Optimal und erstrebenswert ist folgende Situation: Der Mensch führt das Pferd am Strick zügig auf den Anhänger, das Pferd folgt willig und ohne zu zögern, bleibt oben stehen und harrt der Dinge, die da kommen werden. Leider sieht es im „richtigen Leben" oft anders aus: Pferde, die sich partout weigern, die Rampe zu betreten oder ihr auch nur näher zu kommen; genervte Menschen, die an die Grenzen ihrer Geduld oder sogar in gefährliche Situationen geraten; Heerscharen umstehender „Helfer", die jeder mindestens einen „guten" Ratschlag zur Hand haben. Stress, Hektik, Wut, Agressivität, Angst, Sturheit – die ganze Palette menschlicher und „pferdischer" Gefühle kann das Verladen zur schier unüberwindlichen Hürde, zur Tortur werden lassen.

Damit das nicht geschieht, sollte man ein paar grundsätzliche Dinge beherzigen:
1. Je unerfahrener Sie sind, desto mehr verbietet es sich, mit einem im Verladen ebenfalls unerfahrenen (jungen) Pferd zu arbeiten. **2.** Üben Sie frühzeitig das Verladen, bevor Sie mit dem Pferd (pünktlich) zu einem wichtigen Termin müssen. **3.** Schicken Sie bis auf ein oder zwei erfahrene Helfer alle Umstehenden weg. **4.** Wenn Sie verladen wollen, dann muss das Pferd auf den Hänger!

1. Dieser Punkt ist besonders wichtig, denn beim Verladen muss sich vor allem ein unerfahrenes Pferd ganz auf „seinen" Menschen verlassen können. Wenn der ihm keine genauen, richtigen und konsequenten Anweisungen gibt und selbst Unsicherheit ausstrahlt, ist es nicht verwunderlich, wenn der Vierbeiner in dieser Unsicherheit eine vermeintliche Gefahr – sprich Hänger – wittert und sich dagegen, auch künftig, schützen will. Aus diesem Grund sollten, ähnlich wie beim Reiten, nur erfahrene Menschen mit jungen Pferden das Verladen üben. Unerfahrene sollten sich ihre eigene Sicherheit erst bei verladefrommen Pferden, die durch falsche Körpersignale des Menschen nicht gleich aus der Fassung geraten, holen.

2. Wer vor hat, sein noch nicht ganz verladesicheres (oder ein bisher unbekanntes) Pferd aufzuladen, sollte dies nicht unbedingt genau an dem Tag erstmals tun, wenn es zu einem Termin geht, zu einem Turnier oder einer Untersuchung in der Klinik. Denn nichts schadet einem erfolgreichen Verladen so sehr wie Stress und Hektik. „Üben" sollte immer in einer entspannten Atmosphäre geschehen. Das heißt: ohne Zeitdruck.

3. Zu dieser entspannten Atmosphäre gehört auch Ruhe. Die hat man allerdings nicht, wenn nach und nach der halbe Reitstall neben dem Pferdehänger steht und „gute" Tipps wie „Versuch's mal mit 'ner Möhre", „Der braucht nur einen auf den Hintern", „Ich würd' ihm mal die Augen verbinden", „Gib ihm eins mit dem Besen drüber" oder „Monty Roberts richtet immer rückwärts" im Minutentakt in den Raum wirft. Darüber regen sich zuerst der Verladende und die Helfer auf, kurz darauf in der entstehenden Anspannung auch das Pferd. Spätestens in diesem Moment geht normalerweise gar nichts mehr. Das Beste in einer solchen Situation: Bitten Sie alle Hilfsbereiten um Rückzug.

4. Zum guten Schluss ein letzter Grundsatz, aber ein nicht minder wichtiger: Wenn Sie das Verladen üben, dann sollte Ihr Pferd auch mindestens einmal auf den Hänger gehen! Viele Probleme entstehen, weil der Mensch sich nicht genügend Zeit für die Übungs-Sequenz nimmt. Ein Blick auf die Uhr und die „Himmel-ist-es-spät,-ich-muss-weg"-Variante kann ungeahnte Folgen haben. Wenn das Üben nun abgebrochen wird, ohne dass der Vierbeiner den Hänger von innen gesehen hat, dann hat er nämlich nur eines gelernt: Wenn ich mich lang genug weigere, muss ich in dieses Ding nicht rein. Und genau das sollte ein Pferd, das sich einmal problemlos verladen lassen soll, nicht lernen!

Bevor man sich aber nun ans Verladetraining begibt, muss man noch ein paar weitere Dinge beachten. Zum einen die allgemeinen Sicherheitsaspekte, zum anderen eine Art Analyse des zu verladenden Pferdes.

Sicherheitsaspekte

- Zum Verladen ist geeignetes Schuhwerk zu tragen (Reitstiefel, feste Schuhe).
- Beim Verladen empfiehlt sich das Tragen von Handschuhen.
- Der angehängte Pferdehänger sollte möglichst auf einem sicheren, eingezäunten Platz stehen.
- Beim Zugfahrzeug Bremse anziehen, um Bewegung des Hängers beim Betreten der Rampe zu verhindern.
- Das Anbinden auf dem Hänger sollte so lang geschehen, dass sich das Pferd während der Fahrt mit dem Hals ausbalancieren kann, jedoch so kurz, dass es nicht mit dem Kopf unter die vordere Stange geraten oder mit den Vorderbeinen darüberspringen kann.
- Vor dem Anbinden des Pferdes muss immer erst die hintere Stange zum Schließen eingehängt werden!
- Losgebunden wird das Pferd immer, bevor die hintere Stange geöffnet wird!

Vor allem die letzten beiden Punkte sind immens wichtig, Unachtsamkeiten können hier extreme Folgen nach sich ziehen. Gerade in dem schmalen Pferdehänger neigen Pferde dazu, zurückzutreten, um ihr „Verlies" zu verlassen. Sind sie in einem solchen Moment vorn angebunden während die hintere Stange noch/schon gelöst ist, kann es zu plötzlicher Panik kommen: Das Pferd hängt sich in den Strick, kämpft nach rückwärts, will nur noch raus aus dem engen Gelass und kann sich dabei im schlimmsten Fall nach hinten überschlagen. Wenn das einmal geschehen ist, wird selbst das bis dato verladesicherste Pferd künftig Angst haben, wieder auf den Hänger zu gehen.

Pferde-Analyse

Sie kennen Ihr Pferd, es folgt Ihnen vertrauensvoll auf den Hänger? Herzlichen Glückwunsch, in diesem Fall haben Sie kein Problem. Sie kennen Ihr Pferd und wissen, dass es nicht auf den Hänger geht? In diesem Fall ist Üben angesagt – und die kritische Überprüfung Ihres Pferde-Handlings vom Boden aus. Sie kennen das Pferd nicht, vielleicht weil Sie es neu haben oder weil es jemand anderem gehört? Versuchen Sie, sich dies beim Verladen gar nicht erst anmerken zu lassen. Marschieren Sie genau wie mit Ihrem eigenen Vierbeiner auf den Hänger – spätestens dann werden Sie merken, ob das Pferd Schwierigkeiten macht. Wenn ja, stellt sich die nächste Frage. Ist es jung und im Verladen noch unerfahren? Ist es nur stur oder hat es Angst? Hat es vielleicht einmal schlechte Erfahrungen gemacht, eventuell beim Verladen selbst oder während der Fahrt? All des herauszufinden, erfordert wieder viel Erfahrung. Ein/e „alte/r" Pferdemann/(-frau) wird meist erkennen, ob der Vierbeiner bloß keine Lust zum Einsteigen hat oder ob er tatsächlich mit der Situation überfordert ist. In ersterem Fall ist ein wenig mehr Durchsetzungsfähigkeit gefragt, im zweiten Verständnis und Zeit, allerdings ebenfalls gepaart mit Durchsetzungsfähigkeit.

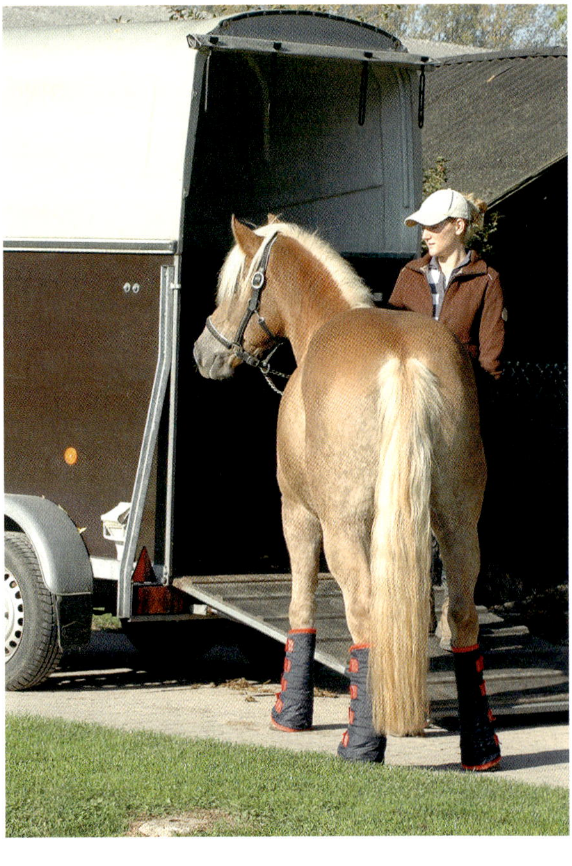

Beim Verladen sollte das Pferd weder gelangweilt am Hänger vorbeischauen noch vom Reiter auf die Rampe gezerrt werden.

Verständnis heißt nicht, dass man jede Verweigerungshaltung seines Pferdes hinnimmt und sich stundenlang vor den Hänger stellt. Es heißt lediglich, dass man den Druck, den man auf das Pferd ausübt, sanft dosiert. Je ängstlicher ein Pferd, desto weniger Druck, je dominanter, desto mehr. Dabei heißt Durchsetzen aber auch nur „energisch sein", nicht „am Pferd ziehen" (dies erzeugt meist nur Gegenzug und Rückwärtslaufen) oder „energisch prügeln". Die leider immer wieder zu beobachtende „Knüppel-hoch-und-drauf"-Methode mag im ein oder anderen Fall kurzfristig helfen, kann aber auch zum Bumerang werden und auf Dauer das Gegenteil bewirken und das anfangs nur unlustige Pferd in ein echt widersetzliches verwandeln. Energisch sein heißt lediglich, es dem Pferd außerhalb des Hängers ein wenig ungemütlich zu machen. Die Art und Weise, wie dies geschieht, kann unterschiedlich sein.

Manchmal reicht es schon, wenn der erfahrene Helfer von hinten seine Stimme erhebt und damit signalisiert, dass „Widerworte" nicht angesagt sind. Manchmal kann das auch eine Gerte (besser: Besen) sein, die der Helfer von hinten einsetzt, aber möglichst in Maßen. Es gibt Pferde, denen reicht es schon, wenn sie den Besen hinter sich nur sehen und sie lassen sich brav verladen. Andere Pferde dagegen fühlen sich genervt, wenn der Helfer mit der Gerte, die genügend lang sein muss (Unfallgefahr!), nur ganz leicht, dafür aber so dauerhaft und konsequent wie bei einer chinesischen Wassertropfenfolter auf die Kruppe des Pferdes tippt. Nach dem Motto „hinten stört

mich was" suchen sie ihr Heil, sprich ihre Ruhe, auf dem Hänger. Nach dem ähnlichen Prinzip klappt auch die Methode von Monty Roberts, der unwillige Pferde vor dem Verladen immer wieder an die Rampe führt, sie dann aber stoppt und rückwärts richtet. Wieder und wieder. Da erstens das Roberts'sche Spezialhalfter unangenehmen Druck auf das empfindliche Nasenbein des Pferdes ausübt und zweitens die andauernde Rückwärtslauferei den Pferden lästig wird und sie auch der enervierenden Dominierung durch den Menschen entkommen wollen, sind sie meist nur noch von einem Gedanken beseelt: nach vorne laufen – egal wohin, und sei es auf den Hänger. Oben angekommen, sollte man sich wiederum Zeit lassen. Belohnen Sie Ihr Pferd, machen Sie ihm den Aufenthalt auf dem Pferdehänger angenehm – durch Loben, Möhren oder sonstige Leckereien. Zusätzlich kann es helfen, bei einem Zweipferdeanhänger die Mittelwand hinten zu lösen und diagonal zur Seite zu stellen. Damit erweitert sich die Einstiegsöffnung, was viele Pferde anfangs als angenehmer empfinden. Zum abschließenden Einhängen der hinteren Stange muss die Wand dann jedoch wieder gerade gestellt werden.

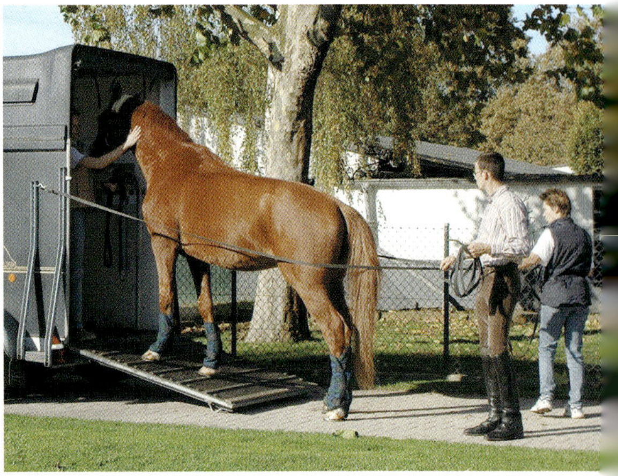

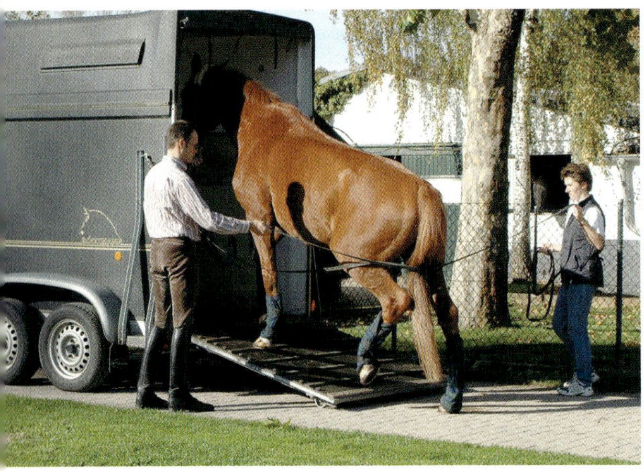

Eine weitere, eigentlich meist funktionierende Methode ist die des Verladens mit Hilfe von Longen. Dazu werden zwei Longen rechts und links am Pferdehänger angebracht (etwa in Hüft- bis Schulterhöhe des Pferdes). Zwei Helfer bilden damit eine im „Eingangsbereich" zunächst breitere Gasse, durch die das Pferd Richtung Rampe geführt wird. Ist das Pferd in dieser Gasse, werden die Longen hinter ihm gekreuzt, so dass sie an der Hinterhand oberhalb des Sprunggelenks anliegen. Die Betonung liegt auf „Anliegen", nicht auf „Zerren". Viele machen nämlich genau in dem Moment den Fehler, das Pferd nun mit aller Kraft mit den Longen auf den Hänger ziehen zu wollen – ein Versuch, der meistens mit energischer Gegenwehr bestraft wird. Vielmehr sollte man es zunächst beim „Anliegen" belassen. Es soll dem Pferd lediglich der Weg nach hinten oder zur Seite ein wenig verleidet werden. Will es nach links ausweichen, zupft der rechte Longenhalter ein wenig mehr, tritt es zu weit nach rechts, agiert der linke Longenhalter. Will es zurück, wirken beide gleichzeitig ein.

Diese Methode funktioniert wieder am besten, wenn man sich Zeit lässt und anfangs gegebenenfalls auch die Mittelwand zur Seite stellt. Die Longen sollen nur „Argumentationshilfe" sein und dem Pferd Sicherheit geben. Mehr nicht. Später reicht dann meist eine Longe, irgendwann geht's ganz ohne – vorausgesetzt, dass auch während der Fahrt nichts passiert.

Merke!

Wurde die Mittelwand zur Seite gestellt, halten Sie, sobald das Pferd auf dem Hänger steht, die Longen so lange gespannt, bis die Wand wieder gerade steht und die hintere Stange eingehängt ist

Das Verladen mit Hilfe einer Longengasse und seitlich gestellter Mittelwand verhindert, richtig ausgeführt, Unsicherheiten beim Pferd. Ist es auf dem Hänger, sollte die Longe weiterhin solange gespannt bleiben, bis die Mittelwand wieder gerade und die hintere Stange eingehängt ist.

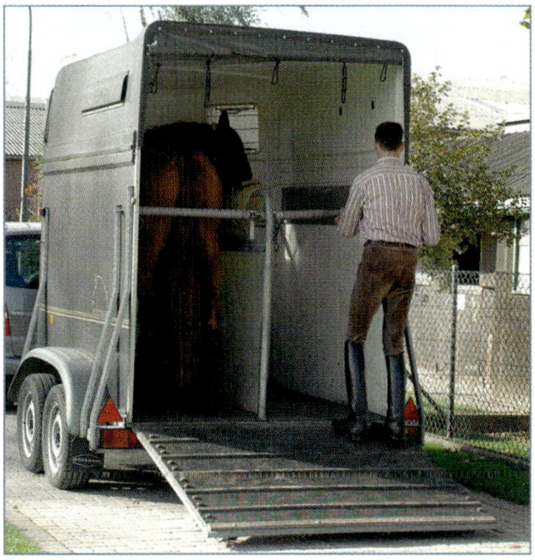

Wer ein Pferd transportiert, sollte sich darüber im Klaren sein, dass es hinten auf einem Hänger ganz schön ungemütlich sein kann. Jedes Bremsen, jede Kurve spürt das Pferd doppelt und dreifach. Hinzu kommt, dass im Straßenverkehr lärmende, zischende und hupende Autos und Lastwagen in Tuchfühlungsentfernung hinter und neben einem Hänger herrauschen, auf dem sich ein Fluchttier befindet, nur durch die wenigen Millimeter der Transporteraußenhaut von all diesem Lärm entfernt. Es ist überhaupt immer wieder erstaunlich, dass sich Pferde auf dieses Abenteuer einlassen. Wenn sie dies tun, dann nur, weil sie ihrem „Leittier Mensch" vertrauen und folgen. Voraussetzung hierfür ist jedoch, dass die bisher erfolgte Bodenarbeit – selbst wenn sie vollkommen unbewusst geschieht – erfolgreich war.

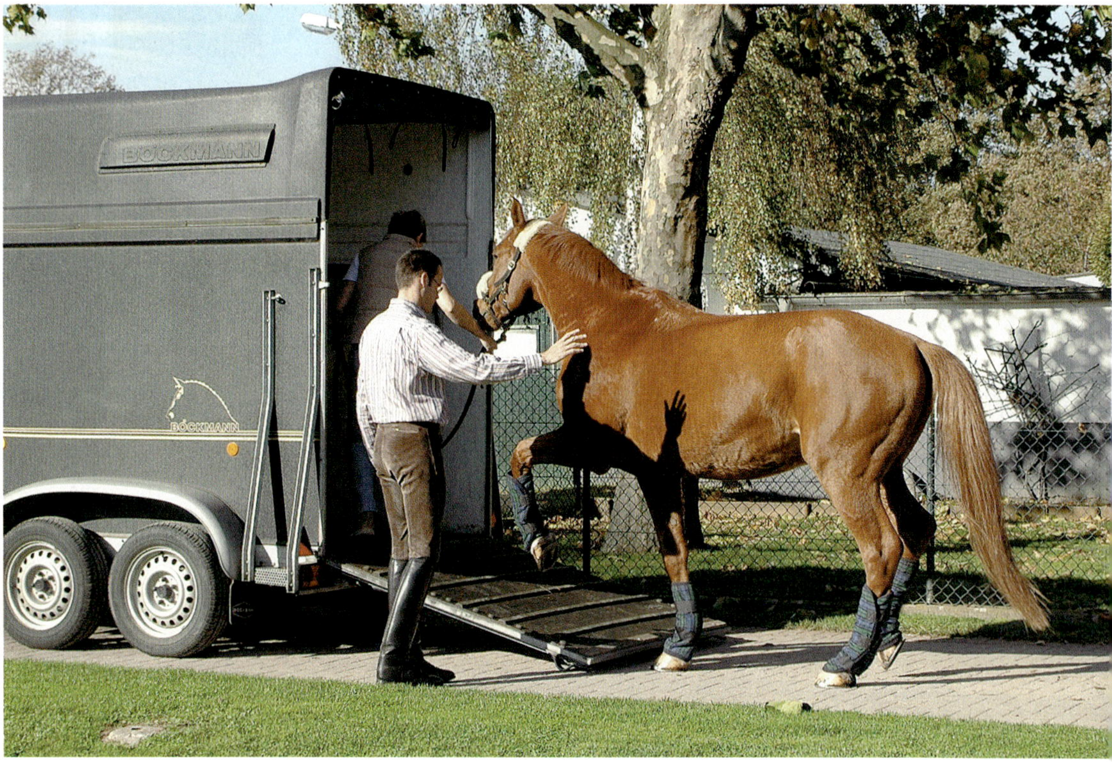

War sie es nicht, oder ist das Vertrauen des Pferdes in seinen tiefsten Grundzügen erschüttert, kann man sich auch professionelle Hilfe holen: Menschen, die sich auf Problempferde spezialisiert haben und selbst bei schwierigsten Fällen Erfolge verbuchten. Es gibt unterschiedliche Ansätze, ein Pferd zu verladen. Wer mit den herkömmlichen nicht weiterkommt oder sich selbst überfordert fühlt, sollte sich ruhig an solche Experten wenden. Dabei sollte es Ihnen egal sein, ob Sie in Ihrem Reitstall schiefe Blicke ernten. Hauptsache, Ihr Pferd lernt stressfrei und erfolgreich, den Pferdehänger zu betreten und dort auch ruhig stehen zu bleiben.

Hat man das Verladen mit Longen oft genug in Ruhe geübt, gehen die Pferde im Allgmeinen ohne zu zögern auch ohne Hilfsmittel auf den Hänger.

Kapitel 3

Bodenarbeit bewusst gemacht

3.1 Alternative Methoden – Hilfe oder Humbug?

Flüstern, tanzen, sprechen, verstehen, Hand auflegen, Antworten bekommen, sich selbst finden, Mystik erleben – in den vergangenen 20 Jahren hat sich rund ums Pferd ein unglaublicher Markt entwickelt. Kein Wunder. Denn selten war die Rolle des Pferdes in der Gesellschaft so vielschichtig wie heute: Kindersatz, Sportgerät, Partnerersatz, Lebensaufgabe, Sportpartner, Psychotherapeut, Berufsgrundlage, Physiotherapeut, Freizeitpartner – alles ist möglich. Und selten haben sich so viele Menschen so intensiv mit

dem Lebewesen Pferd beschäftigt. Doch wie das so ist mit boomenden Märkten – allzu schnell tauchen von allen Seiten „Experten" auf, die etwas vom großen Kuchen mithaben wollen und „ihren" Weg im Umgang mit Pferden als den einzig richtigen propagieren und sich dabei vor allem als wahre Vermarktungsgenies hervortun. Die Verpackung macht's.

Der Pferdehalter von heute, vor allem der „Neueinsteiger", kann sich kaum noch orientieren angesichts der Vielzahl der unterschiedlichen Richtungen, Theorien, Techniken und Lehren – alle werbewirksam feilgeboten. Befreit man jedoch die vermeintlichen Neuheiten und sensationellen Erkenntnisse von ihren rosaroten Brillen und Versprechungen, kommt meist Althergebrachtes zu Tage. Das allerdings klingt in den Ohren mancher Pferdeliebhaber offenbar zu einfach, zu altmodisch, zu langweilig – und zu mühselig.
Wer jedoch wirklich etwas lernen möchte, tut gut daran, sich in aller Ruhe ein Bild von all den Angeboten zu machen. Kritisches Hinterfragen ist angesagt und kann Enttäuschungen sowie Löcher im Geldbeutel (zumindest größtenteils) verhindern.

Vorsichtig sollte man gegenüber allen „Experten" sein, die ihre Methode als die einzig seeligmachende anpreisen und wohl möglich alles andere als überholt, tierquälerisch oder veraltet ablehnen. Wer wirklich viel kann und viel Ahnung hat, der hat auch keine Schwierigkeiten damit, andere anzuerkennen. Das gilt für einzelne Fachleute ebenso wie für ganze Richtungen. Der Blick über den Zaun macht im Allgmeinen nicht dümmer, sondern erweitert den Horizont.

Keine Frage von Magie, sondern von pferdegerechtem Umgang: Das bereitwillige Folgen des Pferdes, hier demonstriert von Autorin Britta Schöffmann und einem vierjährigen, „englisch" gerittenen Westfalen.

2

Vorsichtig sollte man auch sein, wenn werbewirksam mit Schlagwörtern oder Pseudo-Fachbegriffen herumhantiert wird. „Gewaltfrei" beispielsweise ist im Idealfall eine Selbstverständlichkeit, die es gar nicht nötig hat, verkaufsfördernd auf irgendwelche Fahnen geschrieben zu werden. Pferdisch, Equus oder sonstige Namen für die Kommunikationsmöglichkeiten der Pferde hören sich bedeutend an, sind aber nichts anderes als schön klingende Bezeichnungen für Alltägliches.

Ebenfalls Vorsicht ist angesagt, wenn der „Experte" nicht nur sein Wissen verkauft, sondern „seine" Methode eng verknüpft mit eigens von ihm erfundenen „Hilfsmitteln", die man (meist für teures Geld) und im Allgemeinen nur über ihn/sie beziehen kann. Je größer der „Shop", desto größer sollte die Skepsis sein. Ein echter Horseman braucht neben Gefühl, Wissen und gesundem Menschenverstand recht wenig, um mit seinem Pferd glücklich zu werden.

Und schließlich und letztlich sollte man ebenfalls vorsichtig sein, wenn der „Experte" Erfolg für jedermann in kürzester Zeit verspricht. Anreiten in 20 Minuten, Ausbildung in wenigen Wochen – so etwas ist unseriös. Im Umgang mit Pferden lernt und lehrt man jede Minute, jede Stunde und jeden Tag. Ein Leben lang. Und je nach Pferde- und Menschentyp kommt man mal ein wenig schneller, mal ein wenig langsamer vorwärts. Was macht das schon? Nicht der schnelle Erfolg ist anzustreben, sondern die dauerhafte Harmonie.

Egal wohin die „Chefin" geht, Courbière, genannt „Büffel", marschiert auf Schritt und Tritt hinterher und scheut sich auch nicht vor plötzlichen Richtungswechseln.

Diese kritische Bertrachung soll keineswegs heißen, dass alles jenseits des FN-Tellerrandes falsch und verderblich ist. In jeder Reitweise und jeder Umgangs-Philosophie gibt es Denkansätze und Methoden, die hilfreich sind. Auch wenn die FN mit Überzeugung den „klassischen" Weg nicht nur in der Reiterei, sondern auch im täglichen Umgang mit Pferden vertritt, scheut sie sich doch nicht, auch alternative Wege zu durchleuchten und Sinnvolles aufzugreifen. So gibt es den ein oder anderen Erziehungsweg beispielsweise aus der Western-Reiterei, der sich bewährt hat.

Allerdings hat auch diese Art der Erziehung nicht viel mit Mystik oder Magie zu tun. Der Hintergrund ist viel simpler. Die Westernreiterei entwickelte sich aus der Gebrauchsreiterei der Cowboys, die im einstmals „Wilden Westen" Rinder zu hüten und dazu riesige Gebiete zu durchstreifen hatten. Wer den ganzen Tag im Sattel saß und von dort aus arbeitete, musste einfach ein Pferd haben, das ohne großes Brimbamborium „funktionierte". Bei auf dem Boden hängenden Zügeln unbeweglich stehen bleiben (ground tying); sich während einer Rast anhobbeln lassen (Vorderbeine werden unterhalb der Fesselgelenke zusammengebunden, so dass nur kleine Schrittchen möglich sind); sich eben mal schnell auf einem Lkw oder Trailer (in heutiger Zeit) zum Einsatzort bringen lassen – alltägliche Anforderungen, die dem „Berufsreiter" Cowboy die Arbeit erleichterten.

Man darf jedoch dabei auch nicht vergessen, dass es die Cowboys mit speziell für diese Arbeit gezüchteten Pferden zu tun hatten und haben: den Quarterhorses. Klein (damit das ständige Auf- und Absteigen weniger Mühe machte), wendig (damit man auch in unwegsamem Gelände den Rindern folgen konnte) und nervlich ausgeglichen (damit das tägliche Handling einfach war und die Pferde sich nicht bei sinnlosem Herumgezappel verausgabten) sollten sie sein. Dass sich die Erziehung bei diesem Typ Pferd schon mal einfacher oder zumindest anders gestalten kann als zum Beispiel bei einem auf Hochgeschwindigkeit gezüchteten Vollblüter, liegt auf der Hand.

All das muss man wissen, geht man mit unterschiedlichen Pferden um. Das Verbindende zwischen ihnen allen ist ihr grundsätzliches Wesen als Flucht- und Herdentier. Was sie unterscheidet, ist ihre Herkunft, ihre Rasse, ihr Verwendungszweck und ihr ganz individueller Charakter. Dies zu erkennen und sich darauf entsprechend einzustellen, erfordert jahrelange Erfahrung im Umgang mit Pferden und ist keine Frage von speziellen Wunder-Methoden. Die meisten der heutigen Gurus verfügen über kein geheimes Wissen. Jeder kann es sich aneignen. Man muss sich nur die Mühe machen. Jeden Tag.

3.2 Bodenarbeit und andere Reitweisen – anders oder ähnlich?

Gerne wird damit argumentiert, dass der Umgang mit Pferden reitweisenabhängig ist. Ist er nicht! Denn ganz gleich, ob Western oder Englisch, ob Barock oder Distanz – letztlich werden alle Reitweisen mit ein und demselben „Sportgerät" ausgeübt: dem Pferd. Und wie im Vorfeld ausgiebig erklärt, ist das Wesen der Pferde – bis auf die unterschiedlichen Ausprägungen des Einzel-Individuums – ziemlich gleich. Dem Pferd ist es letztlich egal, ob es von einem Mann mit Westernhut, einem Jugendlichen mit Springsattel überm Arm oder einer Dame im Dressurfrack aus dem Stall geholt wird. Die Ausstrahlung des Menschen, sein Wissen um die Bedürfnisse des Pferdes und seine Fähigkeit zur Kommunikation mit dem Vierbeiner sind ausschlaggebend. Bodenschule und Bodenarbeit sind deshalb reitweisenübergreifend. Wie übrigens auch Vertreter der FN-Anschlussverbände bestätigen.

Petra Roth-Leckebusch, EWU

(Erste Westernreiter Union Deutschland e.V.)
Trainerin B, Pferdewirtschaftsmeisterin Z+H FN

„Im Westernbereich legen wir viel Wert auf die Bodenarbeit, also die Erziehung des Pferdes vom Boden aus. Es kann nicht sein, dass ein Reiter die tollsten Lektionen ausführen kann, aber zwei Helfer zum Aufsteigen braucht, weil das Pferd nicht stehen bleiben will. Daher sollten die Leute zunächst lernen, mit einem Pferd vom Boden aus richtig umzugehen. Das ersetzt zwar nicht das spätere Reiten, sollte aber Grundlage dafür sein. Das Führen eines Pferdes nimmt hier bei uns bereits einen sehr wichtigen Raum ein. Wir möchten, dass sich ein Pferd beim Führen nach dem Menschen richtet und auf ihn achtet, nicht umgekehrt. Es muss auch lernen, sich anbinden zu lassen – wenn nötig auch mal für mehrere Stunden – oder auch längere Zeit unangebunden stehen zu bleiben. Zu der Bodenarbeit im Westernbereich gehört auch das „Fahren" vom Boden aus, also die Arbeit an zwei Longen bzw. Seilen. Das hat nicht direkt mit Doppellongenarbeit zu tun, sondern ist eine eigene Form. Der Mensch geht hinter dem Pferd, das er an zwei Longen dirigiert, her und erarbeitet aus dieser Position das Antreten, Anhalten, Wendungen und auch das Rückwärtsrichten.

Ob ein Pferd diese Dinge lernt und ob es lernt, auf den Menschen zu hören, zu funktionieren, ist keine Frage der Rasse. Das kann jedes Pferd lernen. Es ist nur eine Frage der Erziehung. Ähnliches gilt auch für das Verladen. Für uns gehört das Verladetraining zur Ausbildung eines Pferdes dazu, das steht bei uns mit auf dem Ausbildungsplan für Pferd und Mensch. In den meisten klassisch-englischen Reitställen wird dies dagegen gar nicht thematisiert. Deshalb gibt es dann da vermutlich auch so viele Probleme. Die mit Hilfe irgendwelcher Gurus zu lösen, halte ich allerdings für problematisch. Denn erstens ist das, was diese Leute lehren, nichts Neues. Und zweitens werden da Dinge gelehrt und werbewirksam verkauft, die einfach falsch sind. Das Join Up zum Beispiel halte ich für Unsinn. In einem eng umgrenzten Raum gibt es für ein Pferd ja nur zwei Möglichkeiten: entweder vor dem Menschen wegzulaufen oder zu ihm zu gehen. Wenn man es nur lange genug herumscheucht und es müde wird, wird es freiwillig kommen. Das ist nur logisch, hat aber nichts mit Vertrauen oder Dominanz zu tun. Und Scheuen, Bocken oder sonstige Unsitten eines Pferdes ändert man damit auch nicht.

Es gibt auch andere Formen der absoluten Dominanz, die einige dieser Leute lehren, die ich für übertrieben halte. Man kann ein Pferd mit Bodenarbeit nämlich auch sauer machen. Pferde sollten niemals die Freude an der Arbeit verlieren. Sie sind Lebewesen, keine Maschinen. Bloßes Funktionieren kann nicht das Ziel von Bodenarbeit sein. Überhaupt bringt sie den Menschen meist mehr als den Pferden. Denn die begreifen recht schnell, wahrend der Mensch erst durch die bewusste Arbeit vom Boden aus nach und nach das richtige Timing, die richtige Körpersprache und damit die richtige Kommunikation erlernt. Und letztlich muss man – bei aller Bodenarbeit – irgendwann in den Sattel steigen und vernünftig reiten. Da unterscheiden sich Western, Englisch oder jede sonstige Reitweise überhaupt nicht."

Petra Roth-Leckebusch

Walter Feldmann

Walter Feldmann

Gangpferdezentrum Aegidienberg,
Vorsitzender Internationale Gangpferdevereinigung (IGV)

„Das Thema Bodenarbeit ist meines Erachtens so wichtig, dass es im Rahmen der FN-Richtlinien eigentlich als Band 0 angesehen werden müsste. Bisher begann die Ausbildung in den Reitställen meist mit dem Satteln und Reiten, eventuell wurde noch ein wenig longiert. Der richtige Umgang mit dem Pferd wurde vorausgesetzt – und wird doch von vielen heute nicht beherrscht. Zwar gab es immer schon gute alte Pferdeleute, die ganz einfach wussten, wie sie mit einem Pferd umgehen mussten. Doch haben sie ihr Wissen nur selten systematisch weitergegeben. Dies haben eigentlich erst Leute wie Pat Parelli, Monty Roberts oder Linda Tellington Jones getan. Darin liegt deren Verdienst.

Richtige Reittechnik, Skala der Ausbildung, korrekter Sitz – das ist alles sehr wichtig, aber auch die anderen Dinge, eben die Arbeit vom Boden aus, sind mit die Grundlage für einen niveauvollen und feinen Umgang mit dem Pferd. Wir legen in der Gangpferdeausbildung deshalb großen Wert auch auf die Bodenarbeit.
Spezielle Übungen für Gangpferde gibt es nicht – man kann alles mit allen Pferden machen, egal ob Warmblüter, Gangpferd oder Pony. Erfreulich ist jedoch, dass die meisten Gangpferdereiter viel Wert auf die Arbeit vom Boden aus legen. Damit sind keine bestimmten Boden-Lektionen gemeint, sondern lediglich das bewusste Umgehen mit Dingen wie richtige Distanz, Führen, Wenden, ruhiges Stehen oder minimale Hilfengebung.

Ich baue deshalb bei meinen Lehrgängen immer eine Einheit mit Schwerpunkt Bodenarbeit ein. Dabei versuche ich aber auch zu vermitteln, dass man eigentlich keine besonderen „Boden-Arbeitsstunden" planen muss, wohlmöglich einmal pro Woche oder pro Monat. Das wäre falsch verstanden. Denn Bodenarbeit beginnt und geschieht immer dann, wenn ich ein Pferd an der Hand habe."

Silke Feuchthofen
Islandpferde-Reiter und -Züchterverband (IPZV),
FN-Pferdewirtin und IPZV-Ausbilderin
(beinhaltet alle IPZV-Trainer-, Sportrichter- und Zuchtrichterlizenzen)

„Jeder Trainer mag vielleicht eine etwas andere, individuelle Art und Weise haben, mit Pferden vom Boden aus umzugehen. Aber eigentlich ist es ganz egal, ob man aus der Gangpferde-, der Western- oder der Klassik-Ecke kommt – das Grundsätzliche der Bodenarbeit ist überall gleich. Im Bereich der Islandpferdeausbildung nehmen wir als Besonderheit noch das Handpferdereiten mit zur Ausbildung hinzu, das sowohl eine Ergänzung als auch eine Fortführung der Bodenarbeit für Jungpferde oder gerittene Pferde ist.

Der Umfang, über den sich die Bodenarbeit erstreckt, kann sehr weitreichend sein, von einfachen Grundübungen für den allgemeinen Umgang mit dem Pferd bis hin zu Lektionen der hohen Schule. Die Bodenarbeit bietet ebenfalls eine gute Abwechslung, fördert die Zusammenarbeit zwischen Reiter und Pferd und kann ggf. auch als Korrekturhilfe eingesetzt werden.

Letztlich kommt es bei der Erziehung von Pferden und beim Umgang mit ihnen vor allem darauf an, ihre Verhaltensweisen, ihre Mimik und Gestik zu kennen, zu verstehen und zu lernen, damit richtig umzugehen. Das zu vermitteln ist immens wichtig, denn dabei lernen die Reitschüler auch, sich selbst besser einzuschätzen. Manche Menschen brauchen dafür recht lange – die meisten Pferde lernen dagegen sehr schnell. Die Isländer sind hier meiner Meinung nach noch schneller als Warmblüter. Wahrscheinlich liegt das daran, dass sie meist im Herdenverband gehalten werden. Sie neigen deshalb noch viel schneller dazu, den Menschen in diesen Herdenverband einzuordnen. Wer im Umgang mit Isländern einmal verpasst, in einer entsprechenden Situation richtig zu reagieren, bekommt sofort vom Pferd seinen Platz angewiesen und befindet sich ggf. in einer rangniederen Position. Da Islandpferde im Umgang allerdings recht unkompliziert und freundlich sind, wird diese rangniedere Position in der Regel nicht durch große Widersetzlichkeiten, sondern eher durch kleine Ignoranzen im Alltag deutlich, z.B. beim Führen.

Doch egal, mit welchem Pferd man umgeht: Der größte Fehler ist immer, sich nicht mit dem natürlichen Verhalten der Pferde auszukennen. Wenn es dann zu Schwierigkeiten kommt, liegt das oftmals nicht an den Pferden, sondern als Ursache an der Unwisssenheit der Menschen, die sich darüber gar nicht im Klaren sind."

Silke Feuchthofen

Dr. Juliette Mallison

Dr. Juliette Mallison

Präsidentin des VDD
(Verein Deutscher Distanzreiter und -fahrer)

„Bodenarbeit ist ganz wichtig, um sicher mit dem Pferd umgehen zu können und um Unfälle zu vermeiden. Der Mensch muss im Umgang mit dem Pferd der Boss sein. Leider ist das häufig umgekehrt, das macht mir mein Leben als Tierärztin oft sehr schwer. Es gibt einige Pferde, die schlecht oder überhaupt nicht erzogen sind, die sich kaum untersuchen und behandeln lassen oder die sogar Unfälle verursachen. Dabei ist Bodenarbeit eigentlich nur das bewusste Achten auf die erzieherischen Kleinigkeiten im Alltag. Und hier ist es unwichtig, von welcher Pferdesportdisziplin wir sprechen. Egal ob Distanzpferd oder Springpferd, ob Dressurstar oder Ausreitpferd – die Erziehungsarbeit ist überall gleich.

Je nachdem, was man dann noch an speziellen Übungen mit dem Pferd macht, wie zum Beispiel Führen oder Longieren, sollte aber immer darauf geachtet werden, dass jegliche Arbeit über den Rücken des Pferdes gehen sollte. Beim Longieren über Stangen sollte auch das Distanzpferd zur Stärkung des Rückens in Dehnungshaltung vorwärts-abwärts gehen. Und selbst beim Führen sollten Pferde den Hals ein wenig fallen lassen. Vor allem Distanzpferde und auch Freizeitpferde werden häufig in viel zu hoher Halshaltung geführt.

Der Umgang mit dem Pferd vom Boden aus ist an und für sich absolute Basisarbeit, das habe ich bereits als Kind im englischen Pony-Club gelernt. Leider nehmen sich heute viele Leute gar nicht mehr die Zeit, diese Dinge zu lernen. Sie wollen gleich aufs Pferd und losreiten. Dass es dann früher oder später zu Problemen kommen kann, ist eigentlich nicht verwunderlich."

Richard Hinrichs
Bundesverband für klassisch-barocke Reiterei Deutschland

„Die dressurmäßige Arbeit beginnt schon mit dem ersten Führen. Ein Pferd richtig zu führen ist der zentrale Dreh- und Angelpunkt im Umgang und bei der Ausbildung. In der Barockreiterei ist hier als Besonderheit der Einsatz des Kappzaums zu nennen. Nach der ersten Gewöhnung an ein herkömmliches Halfter wird schon das Absetzer-Fohlen mit Kappzaum geführt. Damit kann sich der Mensch besser durchsetzen und wird vom Pferd ernst genommen. Und doch sind einige Kappzäume weniger scharf als manche dünnen Spezialhalfter, die heute eingesetzt werden. Wer solche Halfter benutzt, sollte sich darüber im Klaren sein, wie sie wirken und welchen Druck sie auf den Nasenrücken des Pferdes ausüben können. Sie sind nicht immer so harmlos wie propagiert wird. Der angemessene Kappzaum dagegen ist breiter und etwas gepolstert – so viel, dass es keine Verletzungen geben kann, und so wenig, dass die Hilfen entsprechend durchkommen.

Es ist einfach sehr wichtig, dass ein Pferd die Autorität eines Menschen schon am Boden akzeptiert. Probleme bei der Akzeptanz darf man auch nicht bagatellisieren, denn oft schon wird bei der ersten Begegnung zwischen Mensch und Pferd die Grundlage für alles Weitere gelegt. Dabei ist es hilfreich, wenn der Mensch die entsprechende Ausstrahlung hat und pferdemäßig denken kann. Manche beherrschen das von Natur aus, andere müssen es erst erlernen. Letzteres ist durchaus möglich, aber es ist auch harte Arbeit.

Ich bin der Meinung, dass man mangelndes Talent durch viel Fleiß bis zu einem gewissen Grad kompensieren kann. Talent ohne Fleiß dagegen bringt gar nichts, auch nicht bei der Erziehung. Wichtig ist darüber hinaus noch, dass Pferd und Mensch vom Typ zusammenpassen. Wenn die Chemie stimmt, wird ein Pferd die natürlichen Schwächen seines Menschen nicht sofort ausnutzen. Man muss also das richtige Pferd für sich finden, statt ohne zwingenden Grund in eine unglückliche Liebe zu steuern.“

Richard Hinrichs

3.3 Übungen für die (bewusste) Bodenarbeit

Ein Großteil des Umgangs mit dem Pferd spielt sich am Boden ab. Und gerade dieser eigentliche Alltag lässt sich bewusster gestalten, wenn spielerisch kleine Übungen ähnlich denen der Gelassenheitsprüfung (GHP) eingebaut werden. Der Vorteil: Pferd und Mensch lernen sich kennen, sich aufeinander zu konzentrieren und aufeinander einzulassen. Dies fördert das gegenseitige Vertrauen, verbessert die Zusammenarbeit und nimmt so mancher vermeintlichen Problemsituation die Schärfe. Außerdem profitiert jedes Pferd davon, wenn sich der Mensch auch außerhalb der Reitstunde intensiv mit ihm beschäftigt und es so vor Langeweile und geistiger Unterforderung bewahrt, vor allem während der meist weidefreien Winterzeit oder aber während längerer Rekonvaleszenzzeiten ohne Reiten.

Ausgeführt werden können die meisten Übungen auf Halfter (spielerisch in den täglichen Umgang eingebaut) oder auf Trense (zielgerichtet als eigenständiges Training). Hilfsmittel sind Zügel, Strick, Kette und Gerte. Letztere ist bei vielen verpönt, klingt „Gerte" doch nach „Peitsche" und dies nach Strafe und Gewalt. Dabei ist es ganz egal, wie ein Hilfmittel genannt wird – Gerte, Pitsch, Stöckchen, Carrot Stick oder sonst wie. Gemeint ist immer dasselbe. Auf die Art und Weise, wie man damit umgeht, kommt es an. Denn Gewalt entsteht ihm Kopf und auch nur da lässt sie sich abstellen!

Sämtliche Übungen lassen sich staffeln von leicht bis schwer. Die leichten sind jederzeit in kleine Alltagssituationen einbeziehbar, die schwereren erfordern ein wenig Vorbereitung. Zu den leichten Boden-Übungen gehören: Führen, Anhalten, Rückwärtsrichten, Vorhandwendung. Zu den schwereren zählen: Übertreten, (Schulterherein), Slalom, Stangentreten, Stangenparcours, unterschiedlichen Untergrund überwinden. Es ist sinnvoll, für einige der Übungen eine eigene Stimmhilfe zu nutzen, damit das Pferd weiß, auf welches Wort es was zu tun hat.

■ Führen

Voraussetzung für jegliches Handling (siehe S. 43)

■ Anhalten

Ein Pferd sollte sich beim Führen jederzeit anhalten lassen. Während die einen dies problemlos mit sich machen lassen, marschieren die anderen wie ein Bulldozer weiter oder wollen nicht ruhig stehen bleiben. In solchen Fällen können Zügel/ Führkette, Gerte und Leckerli für Abhilfe sorgen. Gehen Sie neben Ihrem Pferd her, den Zügel/ Führstrick in der einen, die Gerte in der anderen Hand. Auf Ihr Stimmkommando „Haaaalt" zupfen (oder rucken) Sie mehr oder weniger stark am Zügel/ Strick und touchieren bei Bedarf (also wenn Ihr Pferd stur weiterläuft) gleichzeitig seine Brust bzw. Unterarme ein wenig mit der Gerte. Dieses soll keine Strafe sein, sondern dem Pferd lediglich ein Signal geben nach dem Motto: „Hallo, bitte zuhören!" Das veranlasst das Pferd, sich einen Moment lang mehr auf den Menschen als auf das Vorwärtsmarschieren zu konzentrieren. Erst in diesem Augenblick registriert es überhaupt, dass da jemand etwas von ihm will. Sobald es reagiert, sprich anhält, sollte es mit Stimme, Klopfen oder Leckerli ausführlich gelobt werden. Je häufiger man diese Übung wiederholt, desto konzentrierter wird das Pferd neben dem Menschen hergehen, immer in freudiger Erwartung der kommenden Belohnung. Optimal ist es, wenn das Pferd anhält, sobald der Mensch stoppt.

Rückwärtsrichten

Das Beherrschen dieser Übung hat gleich mehrere Vorteile. Zum einen wird es immer wieder Situationen geben, in denen das Pferd ein paar Tritte zurückweichen muss, sei es, weil der Platz zum Umdrehen zu knapp ist, sei es, weil es rückwärts einen Pferdehänger verlassen muss oder aber unterm Reiter die Lektion Rückwärtsrichten absolvieren soll. Rückwärts ist allerdings eine Richtung, die das Fluchttier Pferd im Allgemeinen lieber vermeidet und stattdessen kehrtmacht, um möglichst schnell davonlaufen zu können. Aus diesem Grund erfordert es auf der einen Seite viel Vertrauen, auf der anderen eine konsequente Hilfengebung. Rückwärtsrichten lässt sich am besten wieder in der Verbindung von Stimm-, Zügel-/Strick- und Gertenhilfen erarbeiten. Dazu stellt man sich halb schräg mit Blickrichtung zur Kruppe vors Pferd, in der linken Hand wieder den Zügel/Strick, in der rechten eine Gerte.

Beim Rückwärtsrichten, hier im Stangenlabyrinth, soll das Pferd ohne zu zögern flüssig zurücktreten.

Während man nun mit dem Strick nach hinten Richtung Pferdehals einwirkt und so ein wenig Druck auf das Nasenteil des Halfters bzw. aufs Gebiss ausübt, sagt man gleichzeitig ruhig und lang gezogen „zuuuuurück". Kapiert das Pferd nicht sofort, nimmt man die Gertenhilfe hinzu. Aber auch hier heißt es wieder: nicht schlagen, sondern touchieren. Berührt wird das Pferd dabei vorne an der Vorderröhre oder vorn am Unterarm. Reagiert es daraufhin immer noch nicht, kann die Einwirkung etwas energischer gesetzt werden. Brutalität ist aber auf jeden Fall zu vermeiden! Es geht lediglich darum, dem Pferd eine erste Idee davon zu geben, was von ihm erwartet wird. Macht es dann einen Tritt rückwärts – auch wenn's anfangs wirklich nur ein einziger Tritt ist –, dann sollte es umgehend ausgiebig gelobt werden. Nach und nach lernt das Pferd auf diese Weise, dass ihm beim Rückwärtstreten nichts passiert. Je nach Temperament reicht auch hier später meist eine leise Stimmhilfe oder ein sanftes Zupfen am Zügel/Strick oder eine leichte Berührung am Buggelenk, und das Pferd tritt zurück. Diese Übung eignet sich auch bestens, gerade angerittenen Pferden das Rückwärtsrichten beizubringen. Kennen Sie die Stimmhilfe, tun sie sich auch leichter mit dem Rückwärts unter dem Reiter.

Vorhandwendung

An und für sich ist dies eine Lektion, die in A-Dressuren unterm Reiter verlangt wird. Allerdings ist sie trotz allem nichts anderes als eine Wendung um die Vorhand herum, mit dem Ziel einer Richtungsänderung. Und das kann man auch am Boden gut erarbeiten (und auch brauchen). Voraussetzung für diese Übung ist ein entspannt stehendes Pferd, das auf die Kommandos seines Menschen wartet. Der steht etwa in Hals-/Schulterhöhe neben dem Pferd mit Blickrichtung nach hinten. Mit der zum Pferd gewandten Hand hält man den Zügel/Strick, mit der anderen die Gerte, die bei dieser Übung einmal mehr zur Verlängerung des Armes dient. Mit dem Zügel/Strick zieht man nun den Kopf des Pferdes ein wenig zu sich hin, tippt gleichzeitig mit der Gerte seitlich gegen die Hinterhand und fordert mit einer Stimmhilfe (z.B. „Geh rum") zum Herumtreten auf. Ein seitliches Ausweichen der Vorderbeine verhindert man am besten, indem man während der Wendung möglichst nah an Schulter bzw. Vorderbeinen des Pferdes steht. Im Schwierigkeitsgrad variieren lässt sich die Übung, indem sie auf Stimmhilfe zu jeder Zeit beendet und auch wieder fortgesetzt werden kann. Dies erfordert allerdings eine erhöhte Konzentration des Pferdes.

■ Übertreten

Ähnlich dem Schenkelweichen, wobei der Reiterschenkel, dem das Pferd ja seitlich ausweichen soll, durch die Gerte ersetzt wird. Absolviert werden kann das Übertreten an einer langen Seite oder auch eine Diagonale entlang. Voraussetzung ist wieder kontrolliertes und zügiges Führen. Will man beispielsweise auf der rechten Hand übertreten lassen, führt man sein Pferd flüssig vorwärts und nimmt mit Zügel/Strick seinen Kopf etwas zu sich nach links. Gleichzeitig wird die Hinterhand ein wenig touchiert und zum Seitwärtstreten aufgefordert. Bleibt das Pferd stehen und will ganz herumtreten (wie bei der Vorhandwendung), muss wieder angeführt und aus dem zügigen Vorwärts das Übertreten wieder abgefragt werden. Die Übung erfordert von Mensch und Pferd Konzentration und auch Koordination.

■ Schulterherein

Auch diese Übung ist eigentlich eine Lektion unterm Reiter und wird in Dressurprüfungen ab M-Niveau verlangt. Schulterherein gehört bereits zu den anspruchsvolleren Lektionen, für die ein bestimmtes Maß an Versammlung Voraussetzung ist, ebenso wie Längsbiegung durch den ganzen Körper. Als Bodenübung ist sie deshalb nur bedingt geeignet und kann auch nur im Schritt versucht werden. Bei näherem Hinsehen erweist sie sich dann auch meist eher als eine Art Schenkelweichen. Nur in Bodenarbeit ganz erfahrene Pferdeleute (wie zum Beispiel die Reiter der Spanischen Hofreitschule) können echte Stellung und Biegung, Versammlung in allen Grundgangarten, Traversalen, fliegende Galoppwechsel, Pirouetten sowie Piaffen und Passagen vom Boden aus vorführen. Allerdings sind die Pferde dabei erstens in diesen Lektionen auch unterm Reiter ausgebildet, gehen zweitens auf Zäumung und drittens an der Doppellonge. Mit Bodenübungen, wie sie im Basisbereich gerne eingesetzt werden, hat dies nichts mehr zu tun.

■ Slalom

Sinnvoller für Konzentration und Koordination ist da schon der Slalom, der von jedem Pferd ausgeführt werden kann – egal wie jung oder alt es ist, egal ob dressurmäßig ausgebildet oder nicht. Aufbauen lässt sich ein Slalom am besten mit Pylonen, wer keine hat, kann auch auf andere Gegenstände (Bälle, Strohballen, Wimpelstangen etc.) zurückgreifen. Hauptsache, man hat etwas, um das Mensch und Pferd herumgehen müssen. Je enger dabei die Hindernisse gestellt werden, desto höher der Schwierigkeitsgrad. Im Slalom sollte das Pferd zügig neben seinem Menschen hergehen, ohne gegen die Pylonen zu trampeln. Die häufigen Richtungswechsel zwingen das Pferd, sich auf den Menschen und seine Kommandos einzulassen.

Stangentreten

Hierbei geht's nicht um „höher und weiter", sondern ebenfalls um die Förderung von Konzentration, Koordination und Motivation. Der Abstand der Stangen kann hier – im Gegensatz zur Stangenarbeit unterm Reiter – variieren, das heißt, die Stangen können mal weiter, mal enger zusammen gelegt werden, mal hintereinander, mal im Karree übereinander. Das zwingt das Pferd, sich mit dem Untergrund, auf dem es sich bewegt, intensiver zu beschäftigen und sich – ähnlich wie in freier Wildbahn – „Gedanken zu machen", statt nur einfach nachlässig daherzulaufen.

Stangentreten und Kreuzen sind Anforderungen aus den FN-Gelassenheitsprüfungen und fördern die Konzentration und Koordination. Vorsicht: Sollten die aufliegenden Stangen wegrollen, nicht darüber stolpern!

■ Stangenparcours

Eine ebenfalls einfach aufzubauende, aber nicht minder anspruchsvolle Übung ist das Absolvieren eines Stangenparcours. Dazu legt man mit Hindernisstangen eine zu durchschreitende Gasse, mal schmal, mal weit, mal im 90-Grad-Winkel um die Ecke führend, oder aber innerhalb der Gasse Schlangenlinien oder Rückwärtsrichten fordernd – natürlich, ohne überall anzuecken. Ein solcher Parcours erfordert nicht nur vom Pferd, sondern auch vom Menschen Konzentration. Führen, Kommandos, Körpersprache – all das muss sitzen, wenn der Stangenparcours zügig und fehlerlos absolviert werden soll.

Der Stangenparcours/das Stangenlabyrinth kann beliebig gebaut und sowohl vorwärts als in Teilen auch rückwärts absolviert werden.

Überwinden von unterschiedlichem Untergrund

Quasi die „Königsdisziplin" der Bodenarbeit, denn sie erfordert ein funktionierendes Zusammenspiel und viel Vertrauen zwischen Pferd und Mensch. Je fremdartiger der zu überwindende Untergrund wird, desto mehr muss das Pferd gegen seine Natur dem Menschen folgen. Der Gang beispielsweise über eine knisternde, raschelnde und möglicherweise noch flatternde Plastikplane stellt an das Fluchttier Pferd große Anforderungen. Nur wenn es dem Menschen Führungsqualitäten zugesteht und ihm – so wie im Herdenverband dem Hengst oder der Leitstute – bedingungslos folgt, wird diese Aufgabe funktionieren. Eine solche Übung sollte nicht von einem noch unerfahrenen und unsicheren Pferdefreund angepeilt werden, vor allem nicht, wenn

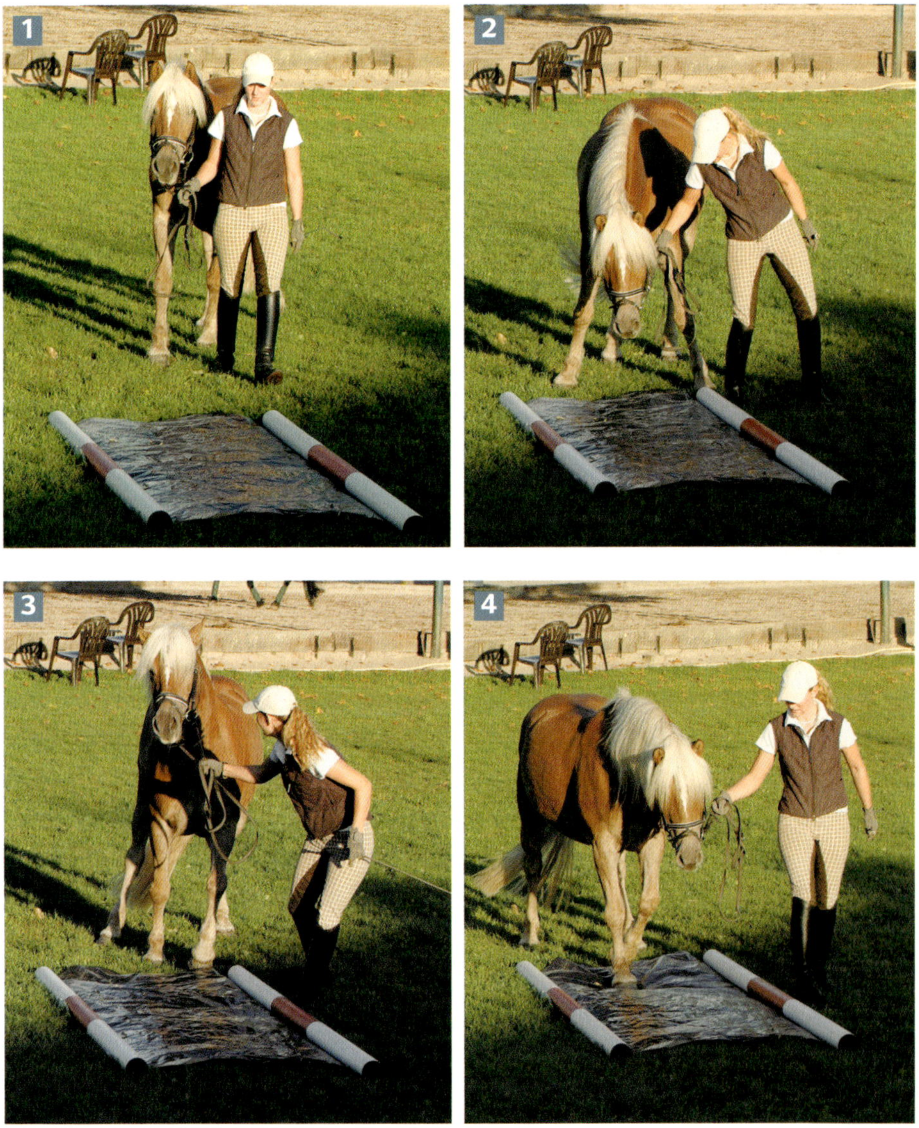

auch das Pferd in diesem Bereich noch unsicher ist. Denn jedes Missglücken kann zu einer Vertrauenseinbuße gegenüber dem Menschen führen, was sich dann wiederum negativ auf andere, bisher vielleicht funktionierende Alltags-Übungen auswirken kann. Wer jedoch sein Pferd bereits gut „im Griff" hat, kann diese Übung auch als gute Vorbereitung fürs Verladen einsetzen. Denn auch dabei geht es unter anderem ja darum, vom „sicheren" Boden auf einen leicht wackeligen, anders klingenden Untergrund – die Rampe – zu treten. Das Führen über Holzplanken (mehrere nebeneinander befestigt) oder über eine hölzerne Wippe bereitet das Pferd aufs spätere Verladen ebenfalls optimal vor.

Merke!

Als Plane kein dünnes Plastik nehmen, das sich in die Eisen einklemmen könnte, sondern eine entsprechend dicke, stabile Plane.

Der erste Gang über eine Plastikplane kann eine Herausforderung sein. Ruhe bewahren, korrekt führen – und schon begreift das Pferd, um was es geht. Schauen Sie mal genau hin: Der Blick auf Mimik und Körpersprache des Pferdes spricht zwischen Foto 1 und 7 Bände.

Bei aller Erziehung vom Boden aus muss man allerdings eines bedenken: Bodenarbeit ersetzt niemals das Reiten an sich. Denn erst durch das Training des Pferdes unterm Reiter ist es möglich, durch gezielten Wechsel von Gangarten, Übergängen, Stellung und Biegung sowie Anspannung und Entspannung ein Ganzkörpertraining zu absolvieren, das sowohl zum Muskelaufbau als auch zu einer verbesserten Herz-Lungen-Ausdauer führt. Bodenarbeit kann, nein muss, die Reiterei jedoch ergänzen. Dabei machen gezielte Bodenarbeits-Übungen nichts anderes, als das Bewusstsein für sein eigenes Tun und für die Reaktionen des Pferdes zu schaffen. Und erst mit diesem Bewusstsein bemerkt man dann auch im alltäglichen Kleinst-Umgang, was man gerade falsch oder richtig macht, und kann sein eigenes Verhalten entsprechend korrigieren. Harmonie zwischen Mensch und Pferd bereits am Boden erleichtert, die spätere Harmonie unterm Sattel.

3.4 Lehrgangsinhalte zur FN-Bodenschule

Die FN-Bodenschule ist ein neuer, über die APO 2006 geregelter Ausbildungsinhalt, der sich an jeden Pferdefreund richtet, egal ob Reiter, Fahrer, Züchter oder Liebhaber, ob Anfänger oder Fortgeschrittener, ob Jugendlicher oder Erwachsener. Sie dient der Überprüfung des eigenen „Pferdeverstandes" (Horsemanship) sowie der Verbesserung des Handlings vom Boden aus und kann durch entsprechende Lehrgänge vermittelt werden. Eine Lehrgangs-Abschlussprüfung ist derzeit nicht vorgesehen, ein „Bestanden" oder „Nichtbestanden" gibt es deshalb nicht. Trotzdem steht es den Lehrgangsleitern bzw. ausrichtenden Vereinen frei, als Motivationsanreiz die Bodenschul-Lehrgänge mit einem kleinen, inoffiziellen Abschlusstest zu beenden, bei dem das Wissen der Teilnehmer abgefragt und vielleicht auch (ebenfalls inoffiziell) bewertet wird (vielleicht mit „souverän" – „ausreichend" – „noch unsicher"). Für die Lehrgangsteilnahme gibt es bei der FN das Zertifikat „Teilnahme am Grundkurs Bodenschule".

Absolviert werden kann ein Bodenschul-Lehrgang natürlich auch mehrfach. Dies bietet neben dem Spaß an der Vorbereitung auch die Möglichkeit, die eigene Entwicklung im Umgang mit Pferden (selbst)kritisch zu hinterfragen und sich vor diesem Hintergrund stetig fortzubilden.

Die Anforderungen der Bodenschule ähneln in einigen Bereichen ein wenig denen der Gelassenheitsprüfung und des Basispasses, sind aber – vor allem im theoretischen Teil – wesentlich umfangreicher und tiefer gehend. Das Ziel dieser speziellen Boden-Ausbildung ist zunächst nicht, „Problempferd-Zähmer" heranzubilden und neue Gurus hervorzubringen. Das Ziel ist vielmehr, Probleme durch pferdegerechten Umgang gar nicht erst aufkommen zu lassen und somit „Wunder-Rezepte" überflüssig zu machen.

Inhaltlich sollten die FN-Bodenschul-Lehrgänge, die möglichst 30 Lerneinheiten à 45 Minuten umfassen, aus der Vermittlung theoretischen Wissens und praktischer Fertigkeiten bestehen.

Die Theorie-Inhalte können sein:

- Fluchttier/Herdentier (Bedeutung);
- Natürliches Verhalten;
- Körpersprache;
- Mimik;
- Begriffseinordnung (Konsequenz, Dominanz, Erziehung, Lob/Strafe usw.);
- Problemerkennung;
- Fehlervermeidung;
- Gefahrensituationen;
- Problemlösung;
- Grundlagen Erste Hilfe etc.

Die Praxis wird im Umgang mit dem Pferd gelehrt. Inhalte können sein:

- Pflegerischer/erzieherischer Umgang (Aufhalftern, Anbinden, Putzen, Hufpflege, Bandagieren etc.);
- Satteln/Trensen;
- Führen;
- Hilfsmittel einordnen (Strick, Kette, Spezial-Halfter usw.);
- Longieren (Grundlagen);
- Verladen;
- Longieren;
- Beobachtung Dritter mit Bewertung falsch/richtig;
- Problemsituationen lösen;
- Bodenübungen etc.

Da vor allem richtiges Führen von großer Bedeutung ist, sollte hier zur besseren Überprüfung – eventuell am Abschlusstag – ein kleiner Parcours aufgebaut werden, der sämtliche Anforderungen abfragt (Vorwärts, Anhalten, längeres Stehen, Rückwärts, im Stand wenden, in der Bewegung wenden). Beim Aufbau des Parcours sind der Phantasie keine Grenzen gesetzt – der alltägliche Umgang mit Pferden ist ja ebenfalls von Unwägbarkeiten geprägt. Die Länge des Parcours kann von der Anzahl der Teilnehmer und der Kreativität des Lehrgangsleiters abhängen.

Nicht ganz einfach abzufragen ist das Thema „Problemsituationen lösen". In einem seriösen Lehrgangsumfeld hat man erstens nicht unbedingt das „passende" Problempferd zur Hand, zweitens sollten „echte" Problempferde aus versicherungstechnischen Gründen nicht wissentlich und vorsätzlich herangezogen werden. Trotzdem lassen sich verschiedene kleinere Probleme auch ohne große Risiken herbeiführen. So gibt es sicher in jedem Stall ein Pferd, dass sich beim Führen gerne ziehen lässt, oder aber eines, das eher heftig ist und herumtänzelt, eines, das beim Putzen um sich beißt oder sich beim Verladen erst auf wiederholte Aufforderung hin zum Betreten des Hängers überreden lässt. Oder ein junges Pferd, dem die Benimmregeln noch ein Buch mit sieben Siegeln sind. Mit solchen Pferden lassen sich die täglichen Nachlässigkeiten in Sachen konsequenter Umgang gut darstellen, ohne dass nicht einzuschätzende Risiken eingegangen werden.

Auch sollte der Ausbilder rechtzeitig vor Beginn des Lehrgangs über eventuell teilnehmende Problempferde informiert werden, um die Entscheidung treffen zu können, ob solche Pferde in den Rahmen dieser Maßnahme passen.

Um weiterhin Risiken zu vermeiden und auch die erforderliche Fachlichkeit zu gewährleisten, sollten die Bodenschul-Lehrgänge von fachlich versierten Leuten gegeben werden (die mindestens über Trainer-C-Lizenz verfügen).

Pflichtveranstaltung für FN-Pferdephysiotherapeuten

Während derzeit die FN-Bodenschul-Lehrgänge für die meisten Pferdefreunde eine freiwillige Fortbildungsmöglichkeit sind, gehören sie im Rahmen der neuen FN-Zusatzausbildung von Physiotherapeuten in der Pferdephysiotherapie zu den Pflichtveranstaltungen. Wie in der APO unter dem Abschnitt „C V Fachkräfte in der Physiotherapie" unter § 2500, Absatz 2.3 nachzulesen ist, gilt der Nachweis der Absolvierung des FN-Grundkurs Bodenschule als eine der Zulassungsvoraussetzungen zur Prüfung. Darüber hinaus ist das Thema „Bodenschule" auch im späteren Prüfungslehrgang für angehende FN-Pferdephysiotherapeuten eines von insgesamt 23 Fächern.
Genaue Details sind in der APO 2006 ab Seite 105 nachzulesen.

Auszug aus der APO 2006

Übersicht zu den Inhalten des Grundkurses Bodenschule

1. Praktischer Teil

1a) Umgang

Ansprechen und Annähern an das Pferd, Aufhalftern, Führen und Vorführen, Anbinden, Passieren anderer Pferde
Loslassen des Pferdes in die Weide oder den Paddock
Grundlagen „Erste Hilfe am Pferd"
Grundlagen des Longieren
Grundtechniken des Verladens
Pferdeverhalten erkennen, vertrauensbildende Maßnahmen durchführen
Pferdepflege einschließlich Bandagieren, Ausrüsten des Pferdes einschließlich Aufzäumen und Satteln

1 b) Bodenübungen

Übungen am Boden durchführen (z.B. Anhalten, Rückwärtsrichten, Vorhandwendung)
Absolvieren von Übungsreihen am Boden (z.B. Stangentreten, Slalom, Stangenparcours, Überwinden von unterschiedlichem Untergrund)

2. Theoretischer Teil

Pferdeverhalten und Umgang mit dem Pferd einschließlich Bewegung
Pferdeethologie
Pferdephysiologie
Haltungssysteme in Verbindung mit Wesen und Verhalten von Pferden

DEUTSCHE REITERLICHE VEREINIGUNG E.V.

Bundesverband für Pferdesport und Pferdezucht – Fédération Equestre Nationale (FN)
Bereich Sport

ZERTIFIKAT

Vor- und Zuname ggf. auch Geburtsname: Gabriele Mustermann

Beruf: Sekretärin

geboren am 15. April 1965 in Musterhausen

Anschrift: 56789 Musterhausen
PLZ Ort Straße/Platz

Mitglied im RV: Musterstadt

hat am 13. Juni 2006 gemäß den Bestimmungen der Ausbildungs- und Prüfungs-Ordnung

an der Reitschule Musterstadt

die die Ausbildung für den

Grundkurs Bodenschule

erfolgreich abgeschlossen.

Lehrgangsleiter/in:

____

Ausgefertigt:

____________ den: ____________
Ort

D / 1.2006 / 100

Literatur aus dem FN*verlag* zu diesem Thema:

DEUTSCHE REITERLICHE VEREINIGUNG E.V. (HRSG.):
Richtlinien für Reiten und Fahren
Band 1: Grundausbildung für Pferd und Reiter.
28. Auflage, Warendorf 2005

DEUTSCHE REITERLICHE VEREINIGUNG E.V. (HRSG.)
Richtlinien für Reiten und Fahren
Band 4: Haltung, Fütterung, Gesundheit und Zucht.
12. Auflage, Warendorf 2005

DEUTSCHE REITERLICHE VEREINIGUNG E.V. (HRSG.)
Richtlinien für Reiten und Fahren
Band 6: Longieren.
7. Auflage, Warendorf 1999

DEUTSCHE REITERLICHE VEREINIGUNG E.V. (HRSG.)
Die Deutsche Reitlehre – Der Reiter
1. Auflage, Warendorf 2000

DEUTSCHE REITERLICHE VEREINIGUNG E.V. (HRSG.)
Die Deutsche Reitlehre – Das Pferd
1. Auflage, Warendorf 2002

DEUTSCHE REITERLICHE VEREINIGUNG E.V. (HRSG.)
Basispass Pferdekunde
5. Auflage, Warendorf 2006

GAST, ULRIKE UND CHRISTIANE
Basispass Pferdekunde
Frage- und Antwortspiel mit Tipps rund ums Pferd
1. Auflage, Warendorf 2002

GAST, ULRIKE UND CHRISTIANE
Longenfest?!
Frage- und Antwortspiel, als Vorbereitung auf die Deutschen Longierabzeichen
1. Auflage, Warendorf 2000

GAST, ULRIKE UND CHRISTIANE
365 Ideen für den Breitensport
1. Auflage, Warendorf 2005

HÖLZEL, DR. PERTRA
Mit dem Pferdebuch aktiv bleiben
1.Auflage, Warendorf 2004

KRÄMER, MONIKA
Siege werden im Stall errungen
1. Auflage 2005

KRONENBERG, MICHAELA
ABC für Pferdebesitzer
1. Auflage, Warendorf 2006

KRONENBERG, MICHAELA
ABC für Reitanfänger
1. Auflage, Warendorf 2002

NEUMANN-COSEL, ISABELLE VON
Wenn Pferde sprechen könnten ... sie können!
1. Auflage, Warendorf 2005

POURTAVAF, ARIANE/ MEYER, HERBERT
Die Brücke zwischen Mensch und Pferd
2. Auflage, Warendorf 2001

RAHN ANTJE, FELLMER EBERHARD
Pferdekauf heute – Kauf und Verkauf, Beurteilung, Gesundheit, Recht
Neuauflage, Warendorf 2003

RIETSCHEL, CLAUDIA
Von Kopf bis Huf – Das richtige Reitsportzubehör für Reiter und Pferd
1. Auflage, Warendorf 2004

WILLRICH, GINE
Angstfrei reiten
1. Auflage, Warendorf 2004

Videos/DVDs/CD-ROMs aus dem FNverlag

DEUTSCHE REITERLICHE VEREINIGUNG E.V.
Trainingsprogramm für Basispass und Reitabzeichen Kl. IV
1 CD-ROM, 1. Auflage 2003

ISENBART, HANS HEINRICH
Faszination Pferd
Ca. 45 Minuten, VHS-System

Weitere Literatur

FELDMANN, WALTER
Boden- und Longenarbeit
DVD/Video. TV-Vogel

KREIENBERG, PETER
Grundausbildung für Western- und Freizeitpferde. Stuttgart 2001

TELLINGTON-JONES, LINDA
TTouch und TTEAM für Pferde
Stuttgart 2002

HINRICHS, RICHARD
Pferde schulen an der Hand
Stuttgart 2005

VON DER AUTORIN BRITTA SCHÖFFMANN SIND BEREITS ERSCHIENEN:

So gelingt die Dressurprüfung
Stuttgart 2002, 2006

Die Skala der Ausbildung
Stuttgart, 2. Auflage 2006

Lektionen richtig reiten
Stuttgart 2005

STICHWORTVERZEICHNIS

Alpha-Tier 37
Anbinden 52, 103
Anhalten 46, 94
Annäherung 38
Augen 25, 38
Autorität 21

Berührung 39
Box 41

Durchgehen 20

Erziehung 14, 15, 52, 55, 102
Experten 85

Fluchttier 10, 52, 88, 103
Fluchtverhalten 11
Fohlen 14, 15
Fohlenerziehung 14 ff
Führen 35, 43 ff., 100, 103

Gerte 37, 94
Gewaltfrei 21, 86
Gruppenhaltung 13

Herdentier 10, 88, 103
Herdentrieb 12

Konsequenz 20, 103
Körperhaltung 26
Körpersprache 23 ff., 32, 65, 103

Lob 34, 35, 81
Longe 68
Longieren 65 ff., 103

Negative Verstärkung 35
Nüstern 24

Ohren 23

Panikhaken 53
Panik 54
Positive Verstärkung 35
Putzen 57

Reitweisen 88 ff.
Respekt 54
Richtungswechsel 46
Rückwärtsrichten 95

Satteln 60, 103
Scheuen 20
Schmusen 39
Schulterherein 97
Sicherheitsknoten 53
Signale 22
Slalom 97
Sozialverband 14, 22
Sprache 22 ff.
Stangenparcours 99
Stangentreten 98
Stimme 73
Strafe 34, 35, 36
Strenge 20

TT-Touch 40
Trensen 61, 103

Übertreten 97

Verladen 76 ff., 103
Vertrauen 33, 54, 83, 94
Vorhandwendung 96

Weide 49 ff.

S T P R K L O G A Y C F W N B V D M E Q H X I Z J U

Notizen

Pferde sind leise Tiere – ihr unverkennbares Wiehern ist selten zu hören. Dennoch können sie sich bestens verständigen: durch Mimik, Gestik und Bewegung. Die Sprache der Pferde lässt sich nicht von ihrem Verhalten trennen; wer die Pferdesprache besser verstehen will, muss lernen, das Pferdeverhalten zu beobachten und richtig zu deuten.

Dieses Buch leistet Übersetzungshilfe: Es erklärt die vielen Facetten des Pferdeverhaltens in der modernen Pferdehaltung und im Reitsport auf der Grundlage der arttypischen, instinktiven Reaktionen, die allen Pferden gemeinsam sind.

Es zeigt mit Witz und Wärme typische Missverständnisse zwischen Mensch und Pferd auf und gibt zahlreiche praktische Hinweise dafür, die Sprache der Pferde so zu beantworten, dass sich Zwei- und Vierbeiner gegenseitig besser verstehen.

1. Auflage 2005
144 Seiten mit 40 Comics,
6 Zeichnungen und 165 Fotos
Format 190 x 250 mm, gb.

ISBN-10: 3-88542-468-1
ISBN-13: 978-3-88542-468-0

Mit einem Vorwort von Hubertus Schmidt

AUS UNSEREM FACHPROGRAMM

AUS UNSEREM FACHPROGRAMM

Das Geheimnis dauerhafter Leistungsfähigkeit!

Hochmotivierte, kerngesunde Pferde nur durch Verbesserung der Haltungsbedingungen!
In diesem Handbuch für jedermann, der Pferde hält, wird das Geheimnis gelüftet, wie Pferde langfristig leistungsfähig und gesund bleiben.

248 Seiten, Zeichnungen und farbige Fotos
Format 190 x 250 mm, gb.
ISBN-10: 3-88542-392-8
ISBN-13: 978-3-88542-392-8

Im Interesse gesunder Pferde

Dieses umfangreiche Nachschlagewerk bietet Informationen und für jedermann verständliches Hintergrundwissen zum Thema Pferdekrankheiten, Gesunderhaltung und Vorbeugung, übersichtlich geordnet nach Organsystemen. Dieses Buch beweist, dass Schulmedizin und alternative Heilmethoden keine Gegensätze darstellen, sondern sich wirkungsvoll miteinander verbinden lassen. Die hier vorgestellten alternativen Heilmethoden umfassen die Therapie mit Heilkräutern und Bachblüten sowie Akupressur und Physiotherapie. Wertvolle Tipps und Tricks rund um die Verbandstechnik und Erste Hilfe in Notfällen vervollständigen den Themenfächer „Pferdegesundheit".

336 Seiten, ca. 200 farbige Fotos und Abb.
Format 190 x 250 mm, gb.
2. Auflage 2006
ISBN-10: 3-88542-374-X
ISBN-13: 978-3-88542-374-4